DON BOSCO
VERLAG

Meiner lieben Mutter
zum 90. Geburtstag

Rudolf Seitz

Was hast du denn da gemalt?

Wie Kinder zeichnen und was Eltern, Erzieherinnen und Lehrkräfte dafür tun können

Don Bosco

Die Deutsche Bibliothek – CIP-Einheitsaufnahme

Seitz, Rudolf:
Was hast du denn da gemalt? : Wie Kinder
zeichnen und was Eltern, Erzieherinnen und
Lehrkräfte dafür tun können / Rudolf Seitz.
[Fotos: Rudolf Seitz]. –
1. Aufl. – München : Don-Bosco-Verl., 1995
ISBN 3-7698-0812-6
NE: HST

1. Auflage 1995 / ISBN 3-7698-0812-6

Umschlag: Felix Weinold, unter Verwendung eines Fotos von Rudolf Seitz
Foto der Umschlagrückseite: Christa Koppermann
Alle übrigen Fotos: Rudolf Seitz
Satz: Fotosatz Miehle, Augsburg

Gedruckt auf chlorfrei gebleichtem, umweltfreundlichem Papier.

Inhalt

1 Einführung

Kinder

„So sollte man noch einmal sein“, sagte Sir Eduardo Paolozzi einst vor einem kleinen Kind, „alles zum ersten Mal!“

Rul arbeitete beruflich viel mit kleinen Kindern. Er hatte den Standpunkt aufgegeben, daß er als der Ältere, Erfahrenere, Klügere alles von vornherein besser wisse und deshalb auserwählt sei, die Kleinen alles zu lehren.

Er hatte gemerkt, daß ihm die Kinder in vielem sehr überlegen waren und durchaus seine Lehrer sein konnten. Wenn Rul mit den Kindern spazieren ging und er mit ihnen hinterher darüber sprach, mußte er zugeben, daß sie viel mehr gesehen, gehört, gerochen hatten. Ihm war, als hätten die Kinder den Weg mehrmals gemacht und er nur einmal. Beschämt mußte er zugeben, daß seine Augen, seine Ohren, seine Nase, kurz, sein Gehirn einen engen Filter eingesetzt hatten. Nur Weniges durfte da durch.

Er mußte auch gestehen, daß ihn die Konzentration, ja fast Versunkenheit der Kinder im Spiel oft rührte. Es war ernst und heiter zugleich, eine Gefühlsmischung, die er an sich nur selten beobachten konnte.

Kinder sind grenzenlos neugierig. Alles interessiert sie. Hinter alles wollen sie blicken. Rul war schon lange müde, da hatten sie immer noch Fragen. Auf alledem konnten sie wundersame Gebäude errichten aus sonderbarem Stoff, einer Mischung aus Träumen, realem Wissen, Spekulation und handfester Freude an Hypothesen. Und das vorgetragen mit aller Theatralik und leichtem inneren Augenzwinkern.

Dann der nicht zu stillende Hunger nach Geschichten, Liedern, Melodien. Wie oft hätte Rul gerne „Amen“ gesagt. Es gab keine Schonfrist.

Sein Problem war, daß er so erwachsen dachte. Ihm fiel es manchmal schwer, in dem alten Schlapphut die Schlange zu sehen, die den Elefanten gefressen hatte. Rul ging es wie dem Piloten in Exupéry's *Kleinem Prinzen*, der nach der Notlandung nur noch für 8 Tage Trinkwasser hatte und das Flugzeug reparieren mußte. Es war für ihn eine Frage auf Leben und Tod. In der Situation hatte er wenig übrig für die seltsame kleine Stimme, die ihn bat: „Bitte – zeichne mir ein Schaf!“ – „Wie bitte?“ – „Zeichne mir ein Schaf ...“ Schließlich zeichnete er, mehrere sogar. Das eine war zu krank, das andere war ein Widder, das nächste war zu alt. Ihm ging die Geduld aus. „Das ist die Kiste. Das Schaf, das Du willst, steckt da drin.“ Und der kleine Prinz war zufrieden.

Rul neigte dazu, bei dem neuen Freund zu fragen: „Wie alt ist er? Wieviele Brüder hat er? Wieviel wiegt er? Wieviel verdient sein Vater?“, statt: „Wie ist der Klang seiner Stimme? Welche Spiele liebt er am meisten? Sammelt er Schmetterlinge?“

Das machte es ihm oft schwer, von den Kin dern zu lernen. Er machte sie lieber zu Statisten seiner pädagogischen Gebäude. Er konnte sich nicht so einfach fallen lassen, die Zielstrebigkeit aufzugeben und auch das scheinbar Unwichtige für wesentlich zu halten, das „schöne Haus mit roten Ziegeln, mit Geranien vor den Fenstern und Tauben auf dem Dach …“

Wenn Rul zuhause war, wollte seine kleine Tochter Franzi mit ihm arbeiten. Natürlich an seinem Platz, natürlich auf seinem Stuhl, mit seinem Füller, auf seinem Briefpapier … Rul baute ihr einen eigenen Tisch mit eigenem Stuhl – getrennter Tisch, gemeinsame Arbeit. Rul mußte sich sehr überwinden, sich nicht in seiner so bedeutenden Arbeit gestört zu fühlen, bei den Gutachten, den Briefen… Dabei mußte er zugeben, daß ihn das gemeinsame Arbeiten glücklich machte. Rul lernte, daß er Zeit gewann, wenn er Zeit vergeudete. Die Sensibilität, diese ständige Bereitschaft, sich etwas anders vorzustellen, diese Fähigkeit, aus nichts etwas Neues zu machen und ihm Sinn zu geben, führten Rul doch sehr häufig vor, wie er Gefahr lief, erwachsen und vertrocknet zu werden.

„Alle großen Leute sind einmal Kinder gewesen (aber wenige erinnern sich daran)“, meint Antoine de St. Exupéry in der Widmung seines Buches.

Aus: Rudolf Seitz, Schöpferische Pausen. München 1995

Kindliche Weltbilder.

- M, 4,6. Die Welt besteht aus vielen Straßen, Wegen – und Wetter. Mittendrin malte das Mädchen eine Blume: „Das ist Pasing" (sein Wohnort).
- J, 8. Eine Welt mit Sonne, Mond und Sternen. In der Mitte liegt ein See mit Fischen. Darüber ist das von der Donau umflossene Schloß Neuburg. Davor die Familie. Rechts sehen wir Portugal (Urlaub!), außerdem den Nord- und Südpol (weiß), den Regenwald und die Savanne.

(Bei den Bildunterschriften bedeutet
M = Mädchen, J = Junge.
4,6 bedeutet: 4 Jahre, 6 Monate.)

Liebe Mutter, lieber Vater,

Sie haben dieses Buch gekauft, weil Sie Gelegenheit haben, Ihr Kind, Ihre Kinder oder auch Kinder von Freunden und Bekannten beim Zeichnen und Malen zu beobachten. Es macht Spaß, ist aufregend und faszinierend zugleich und wirft doch einige Fragen auf. Warum ist das alles so? Warum ist manches für mich rätselhaft, ja unverständlich? Wie kann ich mein Kind fördern? Wann stehe ich ihm im Wege oder verhindere vielleicht sogar Entwicklungen?
Fragen über Fragen.
Dieses Buch ist entstanden nach über drei Jahrzehnten aktiver Arbeit mit Kindern, Erzieherinnen, Lehrerinnen und Lehrern und vor allem auch mit Eltern. Im Grunde tauchen bei allen, die sich ernsthaft mit Zeichnungen und Malereien der Kinder beschäftigten, immer wieder dieselben Fragen auf. Es sind sehr differenzierte und ernsthafte Fragen.
Ich habe versucht, sie im Rahmen der natürlichen Grenzen, die sich aus dem Abstand von zwei Buchdeckeln ergeben, zu beantworten. Manche sollten und könnten sehr viel ausführlicher besprochen werden. Aus diesem Grunde finden Sie am Ende des Buches ein reichhaltiges Literaturverzeichnis. So können Sie Spezialfragen weiterverfolgen.
Aus der praktischen Arbeit mit Eltern, Eltern-Kind-Gruppen, in Vorträgen und Seminaren ergab sich auch die Form des Buches. Die Kapitelüberschriften sind konkret gestellte Fragen oder fragende Feststellungen.
Diese Form hat der von mir verehrte Victor Lowenfeld in seinem Buch „Your child and his art“ vorgegeben, das er 1954 in New York veröffentlichte. Aus dieser Publikation spricht die reiche Erfahrung aus der Praxis. Von daher hat die Form auch ihre logische Begründung.
Gestatten Sie mir bitte noch einige einführende Bemerkungen.
Wenn hier von Kinderzeichnung die Rede ist, sind immer Zeichnungen *und* Malereien der Kinder gemeint, auch wenn dies nicht immer eigens so gesagt wird.
Ausgeklammert sind andere Bereiche, in denen die Kinder künstlerisch tätig sind, wie das Modellieren, Bauen, Photographieren etc. Das hätte den Rahmen gesprengt. Auch andere Randbereiche wie das Spiel als Inhalt und Arbeitsform blieben ausgeklammert, ebenso die Arbeit in Gruppen. Ich muß hier auf die weiterführende Literatur verweisen.
In den Kapiteln werden Sie – möglicherweise beunruhigend – wenige Altersangaben finden. Sie sind mir zu relativ, und bestimmte Ausdrucksformen des einen Kindes in einem speziellen Alter müssen bei einem anderen nicht zum gleichen Zeitpunkt auftauchen.
Die Abbildungen sind so genau datiert, wie mir das möglich war. Bitte beachten Sie, das sind keine dogmatischen Angaben. Die Bildsprache entwickelt sich als Prozeß mit

verschiedenen Phasengeschwindigkeiten – selbst bei meist ähnlichem Verlauf.
Vielleicht stößt Ihnen das stereotype „mein Kind“ etwas auf. Die Fragen werden tatsächlich fast immer auf ein bestimmtes Kind und seine Äußerungen hin gestellt. Das bedeutet nicht automatisch die Ein-Kind-Familie, mag aber oft der Grund sein. Viele Fragen werden auch entweder von einer Mutter oder einem Vater gestellt, vor dem Hintergrund einer ganzen Familie oder nicht. Diese Problematik wurde in den Antworten nicht beachtet. Ich antworte aber in jedem Fall der oder dem Fragenden.
Etwas knapp fiel das Kapitel über das Deuten der Kinderzeichnungen aus. Ich habe es dort begründet.
Nicht besprochen wird der Bereich der Kunsttherapie; nicht, weil ich ihn nicht für wichtig erachten würde, sondern weil ich dieses Feld sehr ernst nehme. Kunsttherapie ist ein Berufsfeld. In Spezialschulen wird man in Praxis und Theorie ein paar Jahre studieren müssen, bis man Kunsttherapeutin oder Kunsttherapeut ist. Man sollte da nicht dilettieren.
Erwähnen möchte ich noch, daß die Beiträge zum Thema „Schule der Phantasie“ und „Kunst im Urlaub – Venedig“ in ähnlicher Form schon einmal in der Zeitschrift „Spielen und Lernen“ veröffentlicht wurden. Die „goldenen Regeln“ erschienen so ähnlich in „Ich mach' Dich fröhlich“, das mittlerweile vergriffen ist.
An dieser Stelle möchte ich allen Kindern danken, mit denen ich in diesen vielen Jahren arbeiten durfte, allen voran natürlich meinem Sohn Egid und meiner Tochter Franziska. Meine Frau – selbst vom Fach – hat mich sehr ausdauernd unterstützt. Dank gebührt allen Eltern, Erzieherinnen, Lehrerinnen und Lehrern, mit denen ich in Seminaren, Gesprächen, Projekten oder Forschungsvorhaben Ideen erproben und durchführen konnte. Ich habe dabei stets sehr viel gelernt.
Elke Neumann hat mich in der gewohnten humorvollen, zuverlässigen und ermutigenden Art beim Manuskript unterstützt, und ihr Mann Peter hat es ermunternd und geduldig mitgetragen.
Ganz besonders bedanken möchte ich mich bei meinen Mönchsfreunden Pater Walter und Pater Claudius, dem Prior des Benediktinerklosters St. Ottilien. In der Stille dieses Hauses, in den offenen Gesprächen, im Rhythmus der Horen habe ich mich wieder sehr wohlgefühlt.

St. Ottilien, im Frühjahr 1995
Rudolf Seitz

2 Zeichnen und Malen der Kinder. Grundsätzliches

1. Bedeutung für das Kind
2. Goldene Regeln
3. Förderung des Kindes
4. Betrachten von Kinderzeichnungen
5. Verstehen von Kinderzeichnungen
6. Warum diese Form von Zeichnungen?

Warum sind Zeichnen und Malen für mein Kind so wichtig?

Hoffentlich wird das in diesem Elternbuch deutlich. Die Tatsache, daß interessierte Mütter und Väter so intensiv fragen und auch diskutieren, zeigt ja schon, daß sie ihr Kind und seine Bildsprache sehr ernst nehmen. Hier sollen aber im voraus ein paar noch nicht sehr detaillierte Antworten gegeben werden.

– Ihr Kind kann Zeichen setzen.
  Es kann durch seine Zeichnung sich, Sie, seine Umweltbeziehungen und sein Bild von der Welt formulieren, d.h. in eine Form bringen. Es bedeutet für Ihr Kind sehr viel, ein Objekt in seiner Zeichnung „festzuhalten". Es meint dieses und nichts anderes. Und – das ist sehr wesentlich – die anderen verstehen es. Es kann sich über seine Bilder mitteilen, d.h. es teilt mit uns.
  Die Zeichnung ist eine Verdichtung, eine Abstraktion – ein Abziehen von Wirklichkeit.
  In seine Zeichnung kann das Kind neben der Benennung des Gemeinten auch seine Wertung, seinen sozialen und emotionalen Bezug einbringen.
– Darstellen heißt Klarstellen.
  Nur was ich ganz genau kenne, kann ich klar darstellen. Die Sache ist so und nicht anders. Wenn die Vorstellung nicht geklärt ist, wenn etwas nicht seinen Platz im Bewußtsein hat, sehen Sie das auch an der Zeichnung Ihres Kindes.
– Ihr Kind entspannt sich beim Zeichnen und Malen. Sie kennen das – hoffentlich – aus eigener Erfahrung: Sie haben etwas gezeichnet oder gemalt. Gleichgültig, ob Ihnen das so geglückt ist, wie Sie es sich vorgenommen haben, Sie sind ausgeglichener, entspannter. Nicht umsonst nimmt man in den Urlaub seinen Malkasten mit.
  Es ist fast wie beim Träumen. Über Bilder wird die Spannung, die sich zwischen Bewußtem und Unter- und Unbewußtem aufgebaut hat, abgetragen. Es wird so weit wie möglich wieder eine Harmonie angestrebt. Ein Bild hat viele Ebenen, rationale und andere. Offenbar entsprechen sich beim Zeichnen und Malen verspannte Schichten in uns und solche im Bild. Sie gleichen und tauschen sich aus. Möglicherweise suche ich auch Themen oder Darstellungsformen, die dies bewirken, ohne mir darüber klar zu sein. Das ist eine unübersehbar therapeutische Wirkung von Zeichnen und Malen.
– Ihr Kind hat Spaß und Freude am Zeichnen und Malen. Wenn Sie Ihr Kind beim Malen beobachten und sehen, mit welcher Begeisterung, welchem Temperament, mit welchem forschenden Engagement es bei der Sache ist und mit welchem Stolz es seine Ergebnisse zeigt, so wäre das schon Begründung genug. Sie können wirklich mitreißend sein. Lassen Sie sich anstecken!
– Zeichnen und Malen kultiviert die

Außenbeziehungen und die Selbsterkenntnis Ihres Kindes.

Zugleich führt es zu einer Konzentration. Es ist, wie wenn Sie einen Stein ins Wasser werfen. Die Kreise weiten sich konzentrisch aus. Nun stellen Sie sich den Vorgang umgekehrt vor. Kreis für Kreis wird von außen her weggenommen. Alles führt ins Zentrum zurück. Ihr Kind gewinnt an Sicherheit, Selbstbewußtsein, baut sein Beziehungsnetz aus. Es begibt sich auf eine lebenslange Reise ästhetischer Bezüge und eines Gestaltungsvermögens, die es später vielleicht befähigen, die Gestaltung dieser Welt in die Hand zu nehmen.

Gibt es so etwas wie „goldene Regeln" zur Förderung meines Kindes beim Zeichnen und Malen?

„Goldene Regeln" klingt etwas hochgestochen, „Faustregeln" zu brutal und „Fingerspitzenregeln" ist nicht gebräuchlich. Ein paar Dinge sollten wir aber beachten. Sie werden später noch viel ausführlicher besprochen.

– Ein Kind zeichnet, was es weiß und empfindet, nicht was es sieht. Erst im Laufe der Zeit (bis zum 12jährigen) zeichnet es realitätsbezogener.

  Die Bildsprache der Kinder entwickelt sich mit einer sehr überzeugenden inneren Logik von den ersten Kritzeleien über sehr verfeinerte, phantasiereiche Bilder zu Bildern, die mehr *wiedergeben*. Das ältere Kind zeichnet nicht besser als das jüngere. Es zeichnet differenzierter. Es ist älter, hat mehr Erfahrungen, Einsichten und Erlebnisse. Das Alter des Kindes hat mit der Qualität nichts zu tun. Das kann man gar nicht oft genug betonen.

– Nehmen Sie jedes Kind in seiner Entwicklungsstufe ernst. Es hat uns viel zu sagen.

  Es gilt als wichtiger Grundsatz: Reiche Sinneswahrnehmungen und ein breiter Überlegungs- und Erfahrungshintergrund machen die Zeichnungen phantasievoller und reicher. Korrekturen an Zeichnungen sind Symptombehandlungen. Sie treffen nicht die Ursache.

Die Kinder fühlen sich wohl beim Zeichnen und Malen. Sie sind entspannt – und konzentriert.

– Geben Sie Ihrem Kind die Chance, eigene Entdeckungen zu machen und selbst nachzudenken.
Oft sieht man Kinderzeichnungen an, daß eine zu direkte Führung durch Erwachsene dahintersteckt. Sie gestalten dann nicht mehr ihre eigenen Inhalte. Es gilt, mit viel Fingerspitzengefühl und Takt die *eigenen* Ideen Ihres Kindes, *seine* Vorstellungen und Überlegungen zu aktivieren.
– Sagen Sie es, wenn Ihnen etwas gefällt!
Phantasie braucht eine Umgebung, in der man sich wohlfühlen kann. Wenn das Kind uns Erwachsene als Partner mit Fröhlichkeit und Humor erlebt, ist es sofort bereit, auch außergewöhnliche Ideen zu verwirklichen. Es braucht nicht zu befürchten, kritisiert oder gar ironisch behandelt zu werden. Nicht alles muß überschwenglich gelobt werden. Zeichnen und Malen sind selbstverständliche Äußerungen. Aber – positive Verstärkung lieben *wir* auch.
– Seien Sie neugierig, was Ihr Kind in seinen Zeichnungen sagt!
Kinderzeichnungen lesen ist lernbar – vor allem, wenn sie von *Ihrem* Kind gelehrt werden. Sie kennen Ihr Kind, seine Wünsche, Ängste und Vorlieben. All das werden Sie in seinen Zeichnungen wiederentdecken. Fragen Sie nicht direkt: „Was soll das bedeuten?" Ihr Kind wird verstimmt sein. Es meint nämlich, es habe deutlich gemacht, was es meint, und Sie nehmen es nicht ernst. Versuchen Sie, sich vorsichtig an den Inhalt der Zeichnungen und Malereien heranzutasten, wenn er Ihnen noch unklar ist.
– Denken Sie daran, daß Kinder vieles besser können als wir Erwachsenen!
Unsere Schulbildung, unser Beruf, unsere Umgebung und nicht zuletzt unsere Hemmungen haben uns vieles verstellt, was Kinder noch können. Sie sind spontan, offen, mutig, unverhohlen neugierig, einfallsreich, flexibel und sehr feinfühlig. Ihre Fähigkeit, Dinge zum ersten Mal zu erleben, macht diese zum Abenteuer. So aufregend könnte die Welt für uns auch sein.
Die kindliche Bildsprache, die Dinge vom Wesen her beschreibt und be-zeichnet, ist der von uns Erwachsenen überlegen. *Wir* können niemanden mit Kopfschmerzen zeichnen. Die Kinder schon. Innen und außen sind keine Grenzen. Was wichtig ist, ist groß.
– *Wir* denken oft von außen her und ach-

Die Kinder erzählen in ihren Bildern Geschichten.

– Den Martinszug malten verschiedene 6jährige Kinder in Lebensgröße.
– Vulkanausbruch. Ein 7jähriges französisches Mädchen zeigt uns, wie es sich das vorstellt.

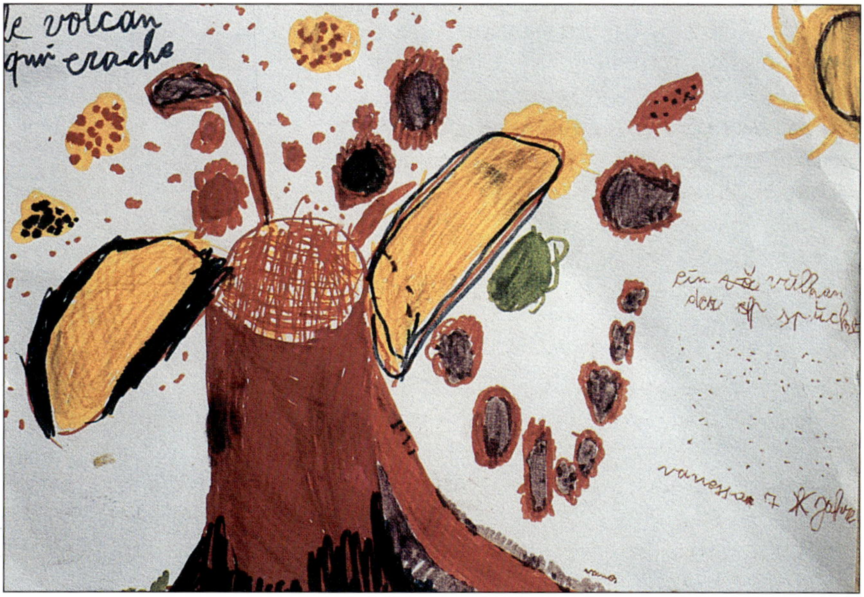
le volcan
qui crache
vanessa 7 Jahre

ten sehr auf die optische „Richtigkeit". Da geht viel Wesentliches verloren.

- Erobern Sie sich die Welt mit Ihrem Kind zusammen! Es ist für uns Erwachsene schwer, uns zurückzunehmen, uns so weit zu bremsen, daß unser Kind *seine* Erfahrungen *selbst* sammeln darf, obwohl wir das Ergebnis schon zu kennen glauben. Wegabkürzungen bringen nichts.
  Ihr Kind lernt nicht nur für morgen. Es hat ein Recht auf sein augenblickliches Glück – und wir auch. Müssen wir das zeitlich immer auseinanderlegen?
- Lassen Sie Ihr Kind ein bißchen verschwenderisch sein! Ihr Kind braucht viel und vielerlei Material zum Zeichnen und Malen.
- Bitte – schreiben Sie nicht in die Zeichnungen hinein!
  Das ist noch viel schlimmer, als wenn sie jemandem ständig ins Wort fallen. Es bleibt stehen. Das Kind zeichnet und ordnet, was es zeichnen will, auf seinem Blatt. Unsere Unterschriften – gut gemeint – zerstören die Schönheit der Blätter. Außer dem Namen Ihres Kindes sollte nichts draufstehen. Alles andere gehört hinten auf das Blatt.
  Sammeln Sie die Zeichnungen in großen Mappen. Das ist ein reicher Schatz für Sie, denn Ihr Kind verdeutlicht, wie es über sich und seine Umwelt denkt, vor was es Angst hat, wo seine Konflikte liegen. Das gibt für Sie vielleicht eine neue Basis zum Verständnis Ihres Kindes.
- Vergessen Sie vor lauter Förderung Ihres Kindes nicht, daß Sie selbst auch Phantasie besitzen (und auch Bleistift und Papier ...)
  Was sagte der 10jährige Alexander? „Die Phantasie ist in meinem Kopf drin, und den hab' ich immer dabei!"

Wie kann ich mein Kind fördern?

Diese Frage wird sehr häufig gestellt. Fördern?! Fördern wohin? Es kann sich doch zunächst nur um die Frage drehen, dem Kind zu helfen und zu ermöglichen, es selbst zu sein, es selbst zu werden. Die beste Förderung ist, wenn Ihr Kind wirklich spürt, daß es geliebt wird, daß Sie sich mit ihm und über es freuen. Es muß wissen, daß Sie sein zuverlässiger Partner sind, dem es in jeder Situa-

Kinder beziehen Stellung.

- Auf der Rückseite des rechten Bildes (J, ca. 9) befindet sich die Begründung für das Bild, das anschaulicher nicht sein könnte.
- Vermutlich 11. Dieses Blatt wurde in Tel Aviv auf der Straße gefunden und stellt eine Holocaustszene dar.

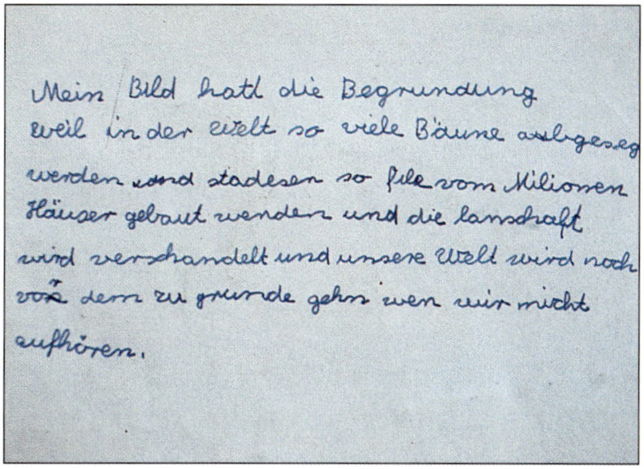
Mein Bild hatl die Begrundung
weil in der welt so viele Bäume abgeseg
werden und stadesen so file vom Miliossen
Häuser gebaut wenden und die lanschaft
wird verschandelt und unsere Welt wird noch
von dem zu grunde gehn wen wir nicht
aufhören.

tion voll vertrauen kann. So wird Ihr Kind Sozialbeziehungen aufbauen können, die auch später angstfrei tragen können. Es wird offen und selbstsicher in diese, in seine Welt hineinwachsen und auch lernen, mit Trauer und Schmerz fertigzuwerden, weil es nicht allein ist. An Ihrer Seite wird es erfahren, daß es nicht nur Sonnenschein im Leben gibt, daß Armut, Krankheit, Aggression und Kriege und Tod Faktoren sind, die nicht totgeschwiegen werden können und dürfen. Vielleicht gelingt es ihm, so viel Einfallsreichtum, Einfühlung und Mut zu entwickeln, sein Leben später aktiv zu gestalten. Das beginnt mit kleinsten Schritten, heute, hier.

Von uns Erwachsenen, die ja auch nicht in einem Schonraum leben, von Streß und übergroßer Verantwortung, von Leistungsdruck usw. gebeutelt werden, erfordert das oft große Souveränität. Im Rietbergmuseum in Zürich gibt es eine Buddhastatue, die ich sehr liebe: Maharaja Lila – königliche Gelassenheit. Das wäre es. Wenn es nur so leicht wäre. Manchmal ist es schon gut, sich vorzustellen, wie man dieselbe Situation von morgen her gesehen betrachtet. Zuneigung, Geduld, Humor, Neugier, Unternehmungslust und die stete Bereitschaft, fröhlich zu reagieren, zu lachen, würden eine Umgebung schaffen, in der Ihr Kind wirklich Platz hat und sich seinen Veranlagungen entsprechend entwickeln kann.

Die Musen brauchen viel Spielraum – und es sind neun!!

Den Spielraum braucht Ihr Kind auch.

Um Ihr Kind auf diesem speziellen Gebiet zu fördern, brauchen Sie Einfühlungsvermögen in die Bedürfnisse Ihres Kindes und einige Kenntnisse. Mit dem Gebiet beschäftigen Sie sich ja gerade.

Die beste Förderung ist neben der Bereitstellung von ausreichend Materialien und einem guten Arbeitsplatz ein reiches Erlebnisfeld für alle Sinne. Die Kinder sollen ein Gefühl entwickeln für sich, uns, für ihre Umgebung, alles was sie sehen, hören, riechen, schmecken und tasten. Sie sollen Räume erfahren.

Alles, was Ihr Kind (und auch Sie) wirklich er-lebt, wird Teil seiner Person, wird seine

Wollen wir die Phantasie unserer Kinder wirklich?

- Das Kind bemalt sich voller Lust. (Die verständnisvolle Mutter hat es schon entsprechend gekleidet.)
- Die Tulpe ist nach einer vorgegebenen Schablone gezeichnet und ausgeschnitten. Es tut weh zu sehen, wieviel kindliche Phantasie hier geknebelt wird.
- Auf dem Asphalt spüren wir noch den Schwung, die Poesie und den Einfallsreichtum der Kinder.

Umweltbezüge mitgestalten und Bestandteil seiner Biographie. Sie werden die Inhalte in den Zeichnungen und Malereien Ihres Kindes wiederfinden.
Ich denke oft daran, wie Novalis in den „Lehrlingen zu Sais" den Lehrer schildern läßt: „Oft hat er uns erzählt, wie ihm als Kind der Trieb, die Sinne zu üben, zu beschäftigen und zu erfüllen, keine Ruhe ließ. Den Sternen sah er zu und ahmte ihre Züge, ihre Stellungen im Sande nach. Ins Luftmeer sah er ohne Rast und ward nicht müde, seine Klarheit, seine Bewegungen, seine Wolken, seine Lichter zu betrachten. Er sammelte sich Steine, Blumen, Käfer aller Art und legte sie auf mannigfache Weise in Reihen. Auf Menschen und Tiere gab er acht, am Strand des Meeres saß er, suchte Muscheln. Auf sein Gemüt und seine Gedanken lauschte er sorgsam ..."
Wenn wir unseren Kindern helfen, so etwas zu erleben, finden wir uns dabei auch wieder.
Im Grunde müssen wir bei diesem Kapitel unsere Karten auflegen. Wollen wir, daß unsere Kinder Zeichnen und Malen als Beschäftigung empfinden, damit sie Fertigkeiten entwickeln, die Zeit nützlich verbringen, oder glauben wir wirklich daran, daß die Bildsprache eine existentielle Sprache ist, in der wir uns unverfälscht mitteilen, Zustände und Zusammenhänge beschreiben und verdichten können? Paul Klee sagte: „Ich gebe nicht das Sichtbare wieder, ich mache sichtbar."

Wir alle stecken bis zum Hals voller Bilder. Nacht für Nacht drängen sich die Bildfolgen vor, akzentuieren, verschleiern und verdeutlichen zugleich und helfen uns, unsere Mitte wiederzufinden.
Wenn wir das für unser Kind wollen, ist keine Mühe zu groß. Wir werden sehr viel dabei lernen und erfahren.
Die Bilder werden uns obendrein viel Freude machen können oder uns zum Nachdenken bringen.

Wie soll ich Kinderzeichnungen betrachten? Ich habe das Gefühl, ich sehe immer nur die Hälfte.

Mit dem Lesen und Verstehen von Kinderzeichnungen ist es manchmal wie mit dem Lernen einer anderen Sprache. Man büffelt Vokabeln, lernt Grammatik, man hat sozusa-

Kinder brauchen eine anregende Umgebung.

- Das Mädchen (7) darf hier in der Werkstatt eines Schmiedes und Bildhauers etwas zusammenbauen.
- Ein Gespräch inmitten von Licht und Farben.

gen das eine Ufer verlassen und das andere noch nicht erreicht. Und eines Tages läuft das Radio, und man versteht die Nachrichten. Es ist ein Gefühl großer Befriedigung. Das heißt nicht, daß man jetzt schon alle Nuancen und Feinheiten beherrscht, aber man ist Insider geworden. Man kann sich mit Detailkenntnissen an die Kinderzeichnungen heranpirschen, aber jedes Blatt ist eine neue Aufgabe, braucht wieder genaues Hinsehen und Überlegen.

Das Hauptgeheimnis: sich Zeit lassen, die Zeichnung, die Malerei sprechen, kommen lassen. Das heißt: warten, zuhören.

Am gefährlichsten und dem Kind gegenüber am unverantwortlichsten ist das rasche Aufkleben eines Etiketts. Da hat man sich schnell vertan.

Da ist es schon erfolgversprechender, wenn man sich vor dem Blatt Fragen beantwortet:

- Was hat mein Kind dargestellt?
- Warum hat es wohl dieses Thema gewählt?
- Was fällt an der Darstellung auf? (Platzverteilung, Größenverhältnisse, Farben, Raumauffassung, Überschneidungen, Perspektive, Röntgenbild etc.)
- Welche Details sind besonders beeindruckend?
- Ist das Blatt temperamentvoll, sicher, zögernd, zart, suchend, sensibel gestaltet?
- Warum hat mein Kind wohl diese Mittel gewählt?
- Will mein Kind eine Geschichte erzählen? Welche?
- Wie wirkt das Blatt auf mich? Welche Erinnerungen, Assoziationen, Gefühle löst es bei mir aus?
- Was hat mein Kind auf dem letzten Blatt dargestellt?

Es gibt sicher noch viele spezielle Fragen, die sich aus dem konkreten Beispiel ergeben. Wenn es die Zeichnung *Ihres* Kindes ist, können sie natürlich die Inhalte in die sonstigen Interessen und die Darstellungsweisen in das zu beobachtende Vorhaben einordnen. Bei Zeichnungen fremder Kinder wird man entsprechend vorsichtig sein müssen. Man kann sich annähern. Mehr nicht. Wie oft habe ich mich schon getäuscht, weil ich zu schnell ein Urteil fällte. Mit wachsender Erfahrung steigt die Vorsicht.

Kindliche Erzählungen.

- Das Mädchen (7) schildert eine Höhle, in der ein Zwerg mit seinen Blumen lebt.
- Der Junge (7) stellt sich vor, er sei ein Gondoliere in Venedig. Mit einem Hebel kann er den Motor anstellen. Er schützt seinen (Wunsch-)Hund mit einer Markise vor der Hitze. Im Käfig oben sitzt ein Affe, zu dem man mit einer Leiter hinaufsteigen kann.

JÜRGEN

Bei für mich besonders aufregenden Blättern habe ich mir angewöhnt, sie von Hand zu kopieren. Nicht erschrecken! Ich stellte aber fest, wenn ich die gleichen Mittel (Bleistift, Wachskreide etc.) verwende, mir genau überlege, wo das Kind wohl begonnen hat und nun gewissenhaft nachzeichne, den Druck, den Strich nachahme, daß ich dem Kind förmlich über die Schulter blicke und so viele Details erforsche und aufspüre, die ich beim bloßen Anschauen nie gesehen hätte. Die Kopie wandert dann in den Papierkorb. Sie ist eine Sehhilfe gewesen und auch ein Dokument dafür, wie konzentriert ich hinschaute.

Eine andere Übung, die ich immer wieder mit Eltern und Erzieher/innen neu versuchte, war das Beschreiben des Blattes in Worten. Eine Teilnehmerin, ein Teilnehmer versucht, so genau wie möglich für die Partnerin oder den Partner das Blatt zu beschreiben (das die bzw. der andere nicht sieht). Es wird so lange nachgefragt, bis beim Zuhörer eine genaue Vorstellung des besprochenen Blattes entsteht. Es ist schwer, so genau mit der Sprache umzugehen, daß dies gelingt – aber sehr hilfreich.

Zum Trost sei gesagt: Das Betrachten der Kinderzeichnungen ist Übungssache. Mit jedem Blatt wachsen Erfahrung und Sicherheit. Wir müssen nur so offen bleiben, daß uns jederzeit ein Blatt begegnen kann, das geheimnisvoll ist wie ein Buch mit sieben Siegeln oder das alles wieder in Frage stellt.

Ich verstehe einfach nicht, was mein Kind gezeichnet hat. Wenn ich es frage, ist es beleidigt.

In der Regel sprechen Kinder sehr gerne über ihre Zeichnungen, wenn sie wissen, man hört ihnen wirklich zu. Vor allem sprechen sie gerne beim Zeichnen. Ich habe dabei manche spannende Aufnahme mit dem Kassettenrekorder gemacht. Sprache und Bild zusammen ergeben ein unersetzliches Dokument.

Dabei lernt man auch die Bilder unserer Kinder genauer lesen. Wir verstehen, was sie meinen.

Dieses Lesen ist ein Lernvorgang. Unsere Kenntnisse und unsere Fähigkeit, die Blätter zu entziffern, wachsen mit unserem Kind. Trotzdem gibt es Blätter, bei denen wir beim

Wir müssen uns einfühlen!

- Die vielen Pünktchen links sind Edelsteine in einer Erdhöhle. Rechts scheint die Sonne. M,7.
- M,7. Die Sonne scheint. Es regnet trotzdem fürchterlich. Eine dunkle Wolke ist da. Die Fee kann aber nicht naß werden. Das gelbe Licht schützt sie.

besten Willen nicht draufkommen, was da gemeint ist. Wir möchten es aber wissen. Manche Kinder sind völlig unempfindlich, wenn wir sie nach dem Inhalt fragen. Andere sind wirklich verletzt und verhalten sich auch so. Mit leicht vorgeschobener Schulter antworten sie wortkarg und indigniert. Warum eigentlich? Sie fühlen sich auf den Arm genommen. Darauf, daß wir die Zeichnung wirklich nicht verstehen, kommen sie nicht. Wir verstehen sie, wenn sie *sprechen*. Ihrer Meinung nach ist ihre *Zeichnung* genauso deutlich. Was soll also diese läppische Frage? Wir möchten es aber doch wissen. Wir müssen feinfühlig vorgehen. Also nicht direkt fragen. Die Reaktion darauf kennen wir. Vielleicht geht es um's Eck herum? „Du hast ja da sehr viel gezeichnet. Womit hast Du denn angefangen?" Das ist eine legitime Frage. Das kann ich nicht wissen. Manchmal bekommt man dann die ganze Interpretation. Es kann einem aber auch ergehen wie der Kollegin, die nach dem genannten Schema fragte und vom Kind die Gegenfrage bekam: „Warum möchtest Du das denn eigentlich wissen ...?"
Achtung vor suggestiven Behauptungsfragen: „Ist das ein Pferd?" – Empörung, beleidigte Feststellung: „Sieht man doch, das ist ein Esel" (Oberton: „Du Esel").
Die Kreativität ist eine zarte Pflanze. Sie will gehegt und gepflegt werden. Man kann ihr beim Wachsen nicht helfen, indem man oben anzieht. Es ist schon besser, die Bildsprache unseres Kindes so lesen zu lernen, daß man es „doch sieht".

Warum zeichnen Kinder eigentlich so, wie sie zeichnen?

Es ist ja wirklich nicht selbstverständlich, daß Ihr Kind, das mit allen Sinnen in diese Welt hineinwächst, die Dinge be-greift, in den Mund steckt, beschnuppert, streichelt, für seine Bildsprache die sprödeste Formensprache – eben geometrische Formen – verwendet. Sind Dreieck, Quadrat, Rechteck, Kreis wirklich die Entsprechungen für die Erfahrungen des Kindes? Offensichtlich ist es so.
Die Forschung beschäftigt sich erst seit etwa 100 Jahren mit der Kinderzeichnung. Wir wissen nicht, wie Kinder vorher gezeichnet und gemalt haben. Aus Zeichenvorlagen und Unterrichtshilfen des 19. Jahrhunderts können wir sicher schließen, daß man davon aus-

Traum.

– J,4. Er hatte einen Regenbogentraum. In einer grünen Wolke ruht er sich aus.

Wunsch.

– M,5,7. Dem Zwerg kann nichts passieren. Ihn schützen die Kreise. Die Sonne ist schwarz, „weil Krieg ist". (Golfkrieg)

ging, daß die Kinder es eben noch nicht so gut können wie Erwachsene und daß sie es deshalb lernen müssen. Dafür wurden Lehrprogramme entwickelt. Daß die Entwicklung der Bildsprache eigene Gesetzmäßigkeiten aufweist, eigene Stilmittel und Ausdrucksmöglichkeiten besitzt und eine in sich stimmige Logik, wußte man lange nicht.

Sicher haben Kinder – bevor ihnen Papier und Stifte zur Verfügung standen – mit dem Finger oder einem Stock in den Sand oder den Boden gezeichnet. Man hat es nur nicht beachtet.

Es gibt eine ganze Reihe von Theorien, warum Kinder zeichnen und *so* zeichnen. Bei Hans Günter Richter kann man sie studieren. Gemeinsam ist ihnen, daß das Kind eine Symbolsprache entwickelt, allgemeine Ausdrucksmittel verwendet, dabei aber doch seine Individualität behält. Für andere Theoretiker sind die Kinderzeichnungen und -malereien Stationen auf dem Weg vom „Selbst zum Ich". In den Bildern finden wir Grundbilder der Phantasie, die tief in unserem Unterbewußtsein ruhen. Eichmaier und Höfer gehen sogar so weit, von „endogenen Bildmustern" zu sprechen, die das Kind äußert. Sie stehen der Menschheit insgesamt zur Verfügung und traten innerhalb der Entwicklungsgeschichte in vielerlei Zeichen zu Tage, angefangen von abstrahierten Felszeichen über Symbole in verschiedenen Religionen, esoterischen, alchimistischen, astrologischen Zeichen, bis hin zu Mandala- und Meditationsfiguren. Ob man sich der Theorie anschließen will oder nicht, sie ist hilfreich bei verschiedenen Erklärungen.

Sicher ist, daß fast alle Kinder das Bedürfnis spüren, sich in Bildern zu äußern, mit Bildern auf die Umwelt oder die Innenwelt (Träume, Ängste, Wünsche) zu reagieren. Die Ausformung der Bildsprache entspricht dem Entwicklungsstand Ihres Kindes. Sie ist in jedem Fall realistisch, d.h. Ihr Kind meint das auch, was es zeichnet oder malt.

Der Realismus ist anfänglich vom eigenen Bewußtsein her bestimmt, vom Intellekt, später, in der Vorpubertät und verstärkt während der Pubertät von der Beobachtung. Man spricht deshalb von einer Entwicklung vom „intellektuellen zum visuellen Realismus" (Wildlöcher). Dabei werden vielerlei

Kinder malen Zeichen, die in ihnen ruhen.

- Mit nassem Sand und Wasser malt der Junge auf die Straße.
- Das Mädchen (6,11) legt eine Spirale aus Steinen am Strand.
- M, 6. Das Kind bemalte gefundene Steine. Die Muster entsprechen Fundstücken der nacheiszeitlichen Epochen (ca. 7000 v. Chr.) im Vorland der Propyläen. Das Kind kannte die Abbildungen nicht.

2. DIE KIESEL VON MAS D'AZIL

Übergangsstationen durchlaufen. Die Entwicklung der Bildsprache heißt nicht, daß ein Weg von der schlechteren zur besseren Zeichnung durchlaufen wird. Ausschlaggebend ist die Intensität. Die zunehmende Differenzierung ist eine Frage der Bewußtheit und des Bewußtseins.

Die Ausgangsposition des Kindes, dieses Leben in einem Formenkanon oder Fundus, über den es verfügen kann und aus dem es sein Bild von sich und der Welt zusammensetzt, und die Tatsache, daß dies ein Besitz der gesamten Menschheit ist, begründet wohl die Tatsache, daß alle Kinder dieser Erde sehr ähnlich zu zeichnen beginnen, unabhängig von Sprache, Kulturkreis, Religion, Hautfarbe. Ich finde es großartig, daß das Bild eine wirklich internationale Sprache ohne Barrieren und Einschränkungen *aller* Menschen ist. Wir sollten sie mehr benutzen.

Endogene Bildmuster.

Beispiele von Kinderarbeiten (6- und 7jährige).

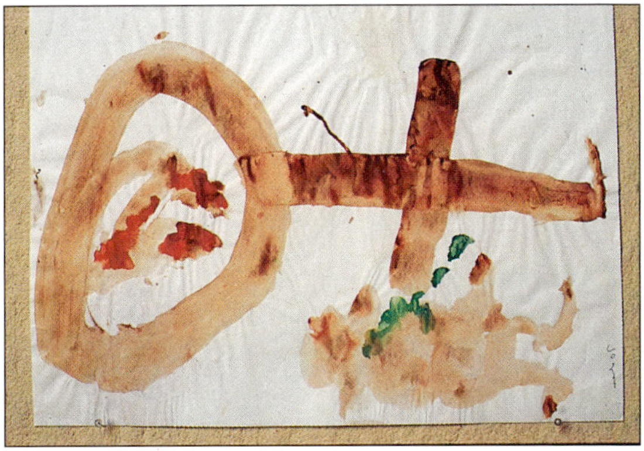

3 Zur Entwicklung der Bildsprache

1. Kritzelphase
2. Beginn des Kritzelns
3. Sinnunterlegtes Kritzeln
4. Erste Formen
5. Sonnen-Tastfiguren
6. Kopffüßler
7. Das Bild vom Menschen
8. Der Mensch – männlich und weiblich
9. Das Bild vom Menschen im Grundschulalter
10. Bilder von Tieren
11. Bilder von Bäumen
12. Bilder von Maschinen

Mein Kind kritzelt nur. Ist das „normal"?

Wer das Glück hatte, miterleben zu dürfen, wenn ein Kind zum ersten Mal kritzelt, weiß, wie wichtig ihm selbst das Kritzeln ist. Ein Aufschrei, ein Juchzen, ein staunendes Innehalten begleiten dieses Erlebnis. Meist durch Zufall entdeckt das Kind, daß ein Ding, auf einem Untergrund gerieben, eine Spur hinterläßt. Dies kann ein weicher Stein, ein Ziegelbrocken, eine Kreide auf Asphalt, an Hauswänden, Mauern sein, es können Stifte sein, die ihre Spuren an Wänden hinterlassen oder – härter – ein Nagel auf Möbeln, im „besten" Fall sind es Spuren auf Papier oder im Sandkasten usw. Wichtig ist das Erlebnis des Kindes, daß die sonst willkürliche Bewegung des Armes und der Hand zusammen mit dem „Werkzeug" eine Bewegungsspur hinterläßt, die sichtbar bleibt. Die Kinder sind meist völlig verblüfft. Ich habe Kinder beobachtet, die sofort nach dem Gebilde griffen und „die Spaghetti" in den Mund stecken wollten, so sehr war das Ergebnis ihres Kritzelns für sie Realität geworden. Das Kritzeln ist der grundlegende Beginn des kindlichen Zeichnens. Es ist ebenso wichtig wie die Babysprache, das Lallen, die Lautspielereien für die Entwicklung der Sprache. Eine sensible Mutter hört sehr schnell heraus, ob ihr Kind Hunger hat, gewickelt werden möchte, Zuneigung sucht oder einfach Lust an der eigenen Stimme empfindet.

Wenn Kinder längere Zeit kritzeln, werden aufmerksame Eltern Verdichtungen, Ballungen, Kreuzungen, Formandeutungen entdecken, die bereits einen inhaltlichen Ausdruckswillen ahnen lasse. Viele Kritzeleien habe ich erst wesentlich später zu verstehen begonnen, als in neueren Blättern Themen deutlicher wurden.

Zunächst ist das Kritzeln des Kindes einfach eine sichtbare Bewegungsspur, abhängig von seinen motorischen Möglichkeiten und seinem Temperament. Und da ist einiges möglich. Mit Lust lassen sich schier endlose Linien zeichnen, stricheln, streicheln. Sie können sich schlängeln, drehen, hüpfen. Man kann mit dem Stift Hiebe austeilen, auf die Fläche schlagen. Man kann schlingern, schwingen und – man kann alles mischen. Oder das Kind bevorzugt gerade *eine* Bewegungsspur wie das Sich-Eindrehen oder Zickzackformen.

Dem Kind bringt das Kritzeln eine große Befriedigung, Selbstsicherheit und Freiheit. Lernt es doch, die Bewegungen besser zu koordinieren und das mit so viel Lust, Spaß und unübersehbarem Erfolg.

Kritzelei ist nicht gleich Kritzelei. Aufmerksame Betrachterinnen und Betrachter werden eine zunehmende Verfeinerung der Formen feststellen. Anfänglich ist das Drehmoment das Schultergelenk. Die Bewegungsspuren sind kreisförmig, sehen aus, als wenn man in einem Topf Spaghetti umrührt. Man spricht gerne vom Urknäuel. Die Gebilde sehen einem Wollknäuel tat-

sächlich ähnlich, wozu allerdings noch „Einschüsse“ kommen. Das Kind probiert das Material in jeder Richtung aus und schlägt es auch mit Kraft auf das Papier.
Später verändern sich die Formen. Beim „Hiebkritzeln“ können Schulter und Ellenbogen Drehmoment sein. Ganze Bündel von Strichlagen, oft in immer neuen Farben, legen die Kinder aufeinander, bis schließlich eindeutig der Bewegungsmittelpunkt der Ellenbogen wird. Jetzt ist der Bewegungsablauf festgelegt: Zickzack. Der Stift wird hin- und hergeführt. Das setzt schon einen Spurwillen voraus. Ich will! Ich! Selbermachen! Ich mag keine Suppe! Alle Eltern haben ihre Erfahrungen mit dem Trotzalter ihres Kindes gemacht. Ihr Liebling wird u.U. zur dramatischen und willensstarken Operndiva, deren Ausbrüche man bewundern könnte, wenn man nicht so hautnah mit einbezogen würde. Im Kritzeln ist das Verhalten ablesbar. Was Ihr Kind jetzt braucht, ist viel Material, große Blätter und Stifte, die nicht so leicht brechen und leicht Farbe abgeben. Und eine geduldige Umgebung, vielleicht sogar eine stolze. Sie müssen nur zuschauen, welchen Spaß Ihr Kind hat.

In welchem Alter soll oder muß mein Kind kritzeln (und wie lange)?

Mit den Altersangaben bei Kinderzeichnungen ist das immer so eine Sache. Sobald auf einem Blatt steht: „2 Jahre“, werden andere Eltern blaß. Um Gottes Willen, mein Kind kann das noch nicht oder ist schon weiter. Wurde die vorherige Phase nicht genügend ausgelebt? Gibt das später „Schäden“? usw. Unsere Kinder sind erfreulicherweise Individuen mit persönlichem Lebensrhythmus und Wachstumsregeln, die nicht zu verallgemeinern sind. Mit dem späteren Abitur ist das nicht alles in Zusammenhang zu bringen. Kinder, die ältere Geschwister haben, die in einer Umgebung aufwachsen, in der viel geschrieben oder vielleicht auch gezeichnet wird, werden, schon weil dieses Verhalten selbstverständlich ist und zur Nachahmung reizt, früher zu kritzeln und zu zeichnen beginnen als Kinder, in deren Umgebung Papier und Stifte nicht so nahe beisammen liegen. Diese Kinder machen vielleicht ganz andere wichtige Erfahrungen im Wahrnehmungs- und im sozialen Bereich. Manche Kinder überspringen Entwicklungsstufen oder verweilen nur sehr kurz in ihnen, bauen andere dafür breit aus.

Kritzeleien

Wir sehen verschiedene Formen der Bewegungsspuren: Schwungkritzeln, Hieb- und Zickzackkritzeln mit Stiften und Pinseln gezeichnet. In einzelnen Blättern isolieren sich schon erste Formen.

Wichtig ist die Intensität.
Zu dieser Frage: Im allgemeinen beginnen Kinder im zweiten Lebensjahr zu kritzeln, manche, so wird behauptet, schon am Ende des ersten. Aber, wie gesagt – im allgemeinen. Viele Kinder kritzeln noch mit 3 Jahren mit Lust, Dynamik und Ausdauer, während bei anderen in ihren Bildern Veränderungen auftauchen. Diese sind spannend und interessant. Sie kündigen sich oft durch rhythmische Verdichtungen des Kritzelgeflechtes oder durch isolierte Krakel an. Manchmal werden die „Kritzeleien" kontrollierter aufs Blatt verteilt.

Mein Kind gibt den Kritzeleien Namen, ich kann aber nichts erkennen.

Manche Kinder ahmen in ihren Kritzeleien eines Tages Fahrbewegungen nach. Lautstark intonieren sie die Fahrgeräusche eines Autos, eines Flugzeuges oder Zuges und ziehen dabei konzentriert und fröhlich ihre Linien. Die Bewegungsspur ist zur Fahrspur geworden, das Blatt ist wie eine choreographische Zeichnung: Da ist das Auto gefahren. Wichtig ist dabei der Zeichenprozeß, nicht so sehr das fertige Blatt; dem sieht man die Entstehung nicht mehr an. Vor allem hört man die Linie nicht.
Meinem Sohn brachte ich eines Tages einen dicken Zeichenblock von einer Reise mit. Erfreut nahm er ihn, wählte eine blaue Kreide, malte auf das erste Blatt einen großen Fleck, von dem zum schmalen Blattrand eine Wellenlinie führte. Nun folgte etwas Atemberaubendes. Seite um Seite blätterte er mit großer Geschwindigkeit um und zog die blaue Wellenlinie weiter bis zum letzten Blatt. Dann sah er mich stolz an und sagte nur: „Wasser".
Diese Bewegungsspuren sind keine üblichen Kritzeleien mehr. Sie sind Spuren mit Bedeutung.
Das in der Überschrift angesprochene Problem ist typisch. Eines Tages hält einem das Kind ein Blatt mit Kritzeleien vor die Nase und sagt: „Das ist Mama" oder „Papa". Die Ähnlichkeit ist nicht eben verblüffend. Verunsichert betrachtet man das Gebilde. Wieso

Sinnunterlegtes Kritzeln.

- M, 3,5. „Das ist eine Straße. Ich bin herumgehüpft."
- J, 3,4. „Der Zug fährt vorbei." Die waagerechten Striche bedeuten das Vorbeisausen, die senkrechten die hohen Stufen des Waggons, die Punkte das Klopfen des Zuges an den Stoßstellen der Schienen.
- Ca. 3,6. „Da fließt das Wasser".

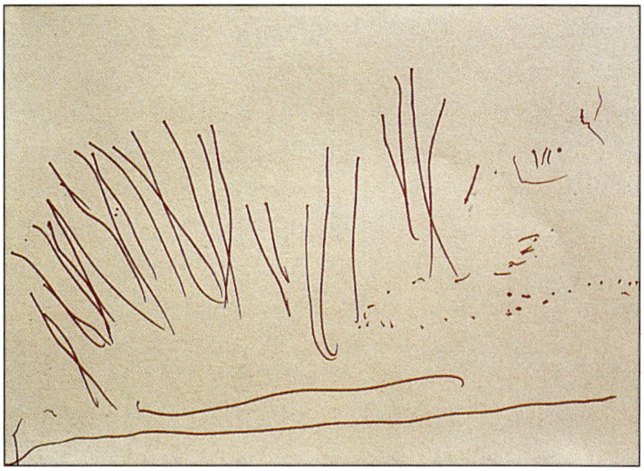

soll das ich sein? Vielleicht fragt man sogar nach und hört enttäuscht: „Das ist der Teddy." Man könnte sich vieles ausdenken, warum das Kind in diesem Moment diese Bedeutung für sein Gebilde wählte. Warum es die Bedeutung wechselt. Wie es überhaupt darauf kommt, dieses eigentlich wirre (so scheint es jedenfalls) Gebilde zu benennen.
Wichtig ist, daß es seine Zeichnung mit einer inhaltlichen Bedeutung versieht. Wir sprechen vom „sinnunterlegten Kritzeln".
Das ist der eigentliche Beginn der Bildsprache unserer Kinder. Man kann ihn nicht ernst genug nehmen, auch wenn die Bedeutung noch ausgewechselt wird.
Die Phasen vorher sind Bewegungsspuren, die von der Motorik abhängen, von der Temperamentsanlage, ein fast vegetativer Vorgang.
Desmond Morris beschreibt in dem interessanten Buch „Biologie der Kunst", wie er mit Schimpansen zeichnet und malt. Sie lernen gut, mit Stiften und Pinsel umzugehen. Die Ergebnisse sind hochdynamische Blätter voller Kraft und Vielfalt, aber eben Bewegungsspuren.
Auch der Versuch, bei dem die Blätter durch kleine geometrische Figuren akzentuiert wurden und untersucht wurde, ob die Affen darauf reagieren, ist spannend. Sie ergreifen förmlich durch ihre Schraffierung Besitz von der Form. Ich versuchte mit der gleichen Methode, auch kleine Kinder dazu anzuregen. Mit dem selben Resultat.
Überzeugend wird das Auseinanderklaffen der Entwicklungen, wenn Morris Arbeiten des Schimpansen Loni mit denen des Kindes Rudi vergleicht.
Rudi verläßt eben eines Tages die biologische Phase und findet zur Bild-sprache, mit der er und alle Kinder uns sehr bald vieles mitteilen können.

Warum zeichnet mein Kind einzelne Formen in seine Kritzeleien?

Das ist eine aufregende Zeit in der Entwicklung der Zeichnung Ihres Kindes. Es rhythmisiert seine Kritzeleien, bündelt sie, rafft sie zusammen, läßt sie sich überschneiden, führt sie ineinander. Es zeichnen sich kommende Ordnungen ab. Eines Tages ist es dann soweit. Ihr Kind versucht, mit seiner

Erste Formen.

- 3,5. Deutliche Versuche, Kreisformen zu schließen.
- Ca. 3,6. Sehr bedacht gesetzte Zeichen. Kombination von Kreis und Kreuz mit Punktmuster.
- J, 3,5. Auf diesem Platz wurde mit Pinsel und Stift experimentiert. Rechts oben finden sich Kreis und Kreuz.

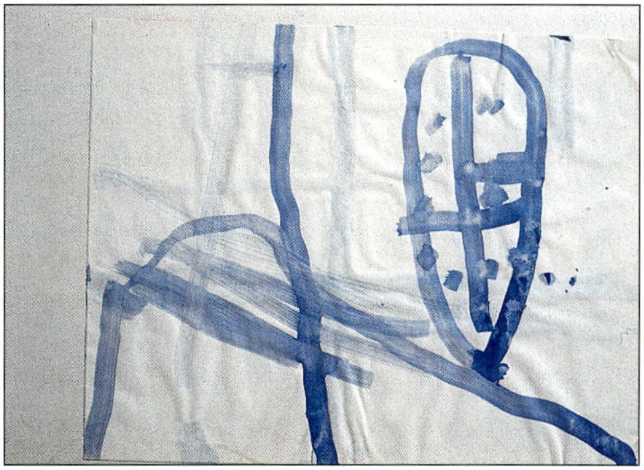

Linie da wieder anzukommen, wo es zu zeichnen begonnen hat. Es ist ein Augenblick höchster Konzentration. Man spürt fast die Anstrengung, mit der Ihr Kind seiner feinmotorischen Steuerung seinen Ausdruckswillen aufzwingt. Jetzt ist das Bewegungsmoment eindeutig ins Handgelenk bzw. in die Finger gewandert. Im Ergebnis haben wir ein kreisförmiges Gebilde vor uns, das oft mehr einem Sack ähnelt als einem geometrischen Kreis. Es ist aber zweifelsfrei, was Ihr Kind wollte. Es wollte eine Form schließen. Das Kind ist stolz auf seine Leistung. Sie wird wiederholt. Oft zeichnet es viele Umkreisungen übereinander oder konzentrische Kreise.

Ihr Kind hat sein Zeichen für „Inhalt" gefunden. Manchmal sagt es auch: „Da ist was drin."

Ähnlich kombiniert das Kind parallele Linien vertikal und horizontal. Es entstehen Kreuzungen.

Schließlich zeichnet Ihr Kind eindeutig Kreuze aus senkrechten und waagrechten Linien im rechten Winkel. Dies ist die größtmögliche Richtungsunterscheidung. Jetzt hat Ihr Kind auch ein Zeichen für „Trennung". „Da steht was weg", mag es sagen, „es geht was auseinander". In nächster Zeit äußert Ihr Kind noch andere Grundzeichen oder kombiniert sie. Mit dem Kreis und dem Kreuz hat es aber den Grundstock gelegt für eine Fülle von Möglichkeiten, sich, uns, seine Welt ins Bild zu setzen und uns von sich zu berichten.

Mein Kind zeichnet so viele sonnenförmige Figuren.

Ihr Kind zeichnet in dieser Phase oft viele geometrische Figuren, schafft Ordnungen, verbindet und kombiniert Formen. Es äußert wohl endogene, d.h. angeborene Bildmuster und findet dabei große Befriedigung und Spaß. Es sind graphische Abenteuer auf dem Blatt, aber auch mit sich. Man muß nur als Erwachsener einmal den Versuch machen, in sich so weit zurückzutauchen, daß solche Formen auftauchen. Die Ähnlichkeit mit uralten Zeichen an Felswänden, im Mandala und in Meditationsfiguren, in alten Zeichensprachen und Formkompositionen ist unübersehbar.

Eines dieser Zeichen ist die Sonne. Wir werden ihr später noch einmal begegnen. Hier sind es sonnenförmige Gebilde: Kreise mit vielen Strahlen. Sie meinen zunächst wohl

Sonnen.

- M, 4. Sonne und Blume im Kreis. Links oben Blätter und Tropfen.
- M, 4,8. Zwei Sonnen mit Raumfühlern.
- Ein Mädchen und ein Junge zeichnen eine große Sonne auf die Straße.

gar nicht die Sonne. Es sind Diagramme der eigenen Befindlichkeit. Das Ich in der Welt. Ein Herantasten an das Außen, ein Verbindungen versuchen, ein Aus-sich-herausgehen. Diese Gebilde nennt man deshalb oft auch Tastfiguren. Manchmal bestehen sie auch aus einem Kreis mit nur einer oder zwei Linien wie Greifarme.
Oft zeichen die Kinder auch Quadrate oder Rechtecke mit Fühlern. Es sind Räume, aus denen man heraus kann, könnte, möchte oder auch umgekehrt. Fenster, aus denen das Kind blickt oder in die es schaut. Diese Zeichen sind wie Positionsfiguren, die die Existenz Ihres Kindes formulieren.
Es gibt aber auch „Inneneinrichtungen". Der Kreis bekommt eine Senkrechte und Waagerechte eingezeichnet – das Kreuz. Das Kind schafft Ordnung. Es ist ein uraltes Zeichen für den Menschen im Kosmos. Ihr Kind weiß das nicht, ist aber vielleicht noch viel näher an derartigem Weltverständnis als wir Erwachsenen.
Vielleicht entdecken Sie auch eines Tages eine Zeichnung Ihres Kindes, in der es ein klares Rechteck (oder mehrere) gezeichnet hat und dazu die Diagonalen, d.h., es hat die Ecken durch Linien verbunden. Oder es hat die Seiten halbierend eingezeichnet. Diese Zeichnungen sind wie Grundrisse einer Position in der Welt, Ortsbestimmungen, Festlegungen, Suchen nach sich.
Manche Kinder zeichnen in diesem Alter auch geradezu leidenschaftlich Spiralen. Auch das ist ein Urzeichen für menschliche Existenz. Abgesehen von häufigem Vorkommen in der Natur, in Schnecken und Ammoniten, in Wasserstrudeln und Wolkenwirbeln, ist es immer wieder ein Erlebnis, in den Sog zu geraten, hineingezogen oder herausgeschleudert zu werden, je nachdem, wo ich zu zeichnen beginne.

Warum malt mein Kind nur Kopffüßler? Begreift es nicht, daß der Mensch mehr hat als Kopf, Arme und Beine?

Eines Tages saß ich auf einem Stuhl und las Zeitung. Rechts oben auf der Seite war das Porträtphoto irgendeines Politikers. Mein Sohn war ausgesprochen lästig. Immer wollte er die Zeitung haben. Er schimpfte so lange, bis ich aufgab. Sichtlich froh nahm er die Zeitung, legte sie auf den Boden, holte eine Kreide und zog von dem Photo zwei dünne, lange Linien bis zum unteren Blattrand und zwei Linien zu den seitlichen Rändern. Erlöst überreichte er mir die Zeitung wie-

Kopffüßler.

- M, 2,7. Eine Kopffüßlerfamilie.
  Rechts oben eine Sonne oder ein Tier (?).
- M, 4. Vater und Tochter.

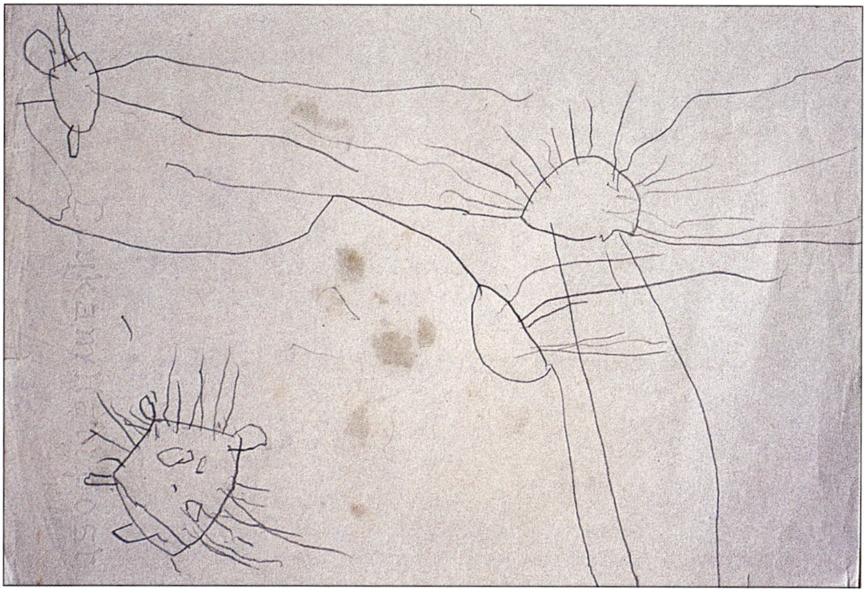

der. Jetzt war der Mensch vollständig. Vorher war er amputiert. Das war nicht auszuhalten. Er hatte einen Kopffüßler gezeichnet.
„Kopffüßler" ist eigentlich eine unglückliche Erwachsenenbezeichnung. Sie beschreibt nur die Erscheinungsform. Für Ihr Kind ist der Mensch in dieser Phase komplett. Ähnlich wie zuvor bei den Tastfiguren, haben wir jetzt das Kind selbst im Kreis, dem Inbegriff von Konzentration. Von dieser Position aus greift das Kind mit beiden Armen in die Welt und stellt sich auf beide Beine. Der Mensch, das heißt das Kind, ist der Kreis, von dem die Beine und Arme wegstehen.
Der Kopffüßler ist das erste Zeichen für den Menschen. Er wird bald differenziert. Im Kopf treten Krackelagen auf. Das sind untrügerische Zeichen dafür, daß sich hier bald etwas klären wird. Es kommen Kreise für die Augen; Haare, Mund und Nase. Aus dem Gesamtmenschen ist jetzt der Kopf geworden. Damit entsteht ein Manko. Nunmehr ist der Mensch, das Kind nicht mehr „vollständig". Jetzt fehlt tatsächlich der Leib. Häufig taucht jetzt zwischen den Beinen ein ganz bescheidener, aber höchst bedeutungsvoller Punkt auf: der Nabel. Mit diesem Punkt ist fast unauffällig der Leib zwischen die Beine gerutscht.
Bald wird es eine eingeschobene Kreis- oder Sackform werden – meist immer noch mit Nabel.
Ähnlich differenzieren sich die Arme und Beine. Schraffurbündel deuten an: „Da ist noch was!" Sobald die Finger und Zehen ins Bewußtsein Ihres Kindes rücken, tauchen sie in seiner Zeichnung auf – für uns eigenartig, aber konsequent: die Finger stehen vom Arm ab. Ich habe viele Finger und viele Zehen. Abstehen heißt rechter Winkel. Nun kreuzen plötzlich viele Linien im rechten Winkel Arme und Beine. Sie wirken wie halbe Zäune.
Ihr Kind, das werden Sie an seinen Zeichnungen sehen, kann Ihnen schon ausführliche Geschichten erzählen, Erlebtes schildern, Vorstellungen verdeutlichen, auch wenn als Formvokabular erst die Kopffüßler zur Verfügung stehen. Auch wenn im Bewußtsein Ihres Kindes noch nicht deutlich ist, daß es einen Leib hat oder Finger, kann es soziale Zusammenhänge darstellen oder Abenteuer miterleben lassen.

Wie entsteht das Bild vom Menschen?

Je mehr Ihr Kind über sich und seinen Körper erfährt und weiß, je mehr ihm bewußt wird, desto differenzierter wird seine Zeich-

Der Mensch.

Diese Reihe wurde von Kindern zwischen 4 und 6 Jahren gezeichnet. Wir sehen, wie immer mehr Details für das Kind interessant werden, bis es schließlich alles verziert.

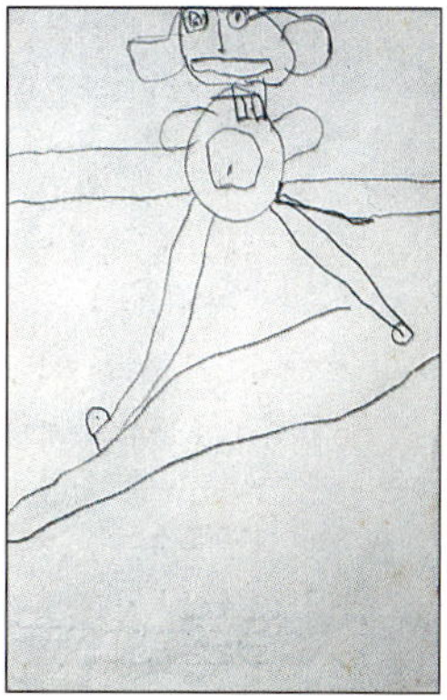

nung werden. Es ist für uns Erwachsene außerordentlich spannend, mitzuverfolgen, wie sich Detail an Detail reiht, wie neue Erkenntnisse auftauchen und wie sich das Blickfeld erweitert. Ein schönes Beispiel ist die Hand. Bisher hatte Ihr Kind einfach Striche im rechten Winkel zum Arm gezeichnet. Eines Tages entdeckt es seinen Handteller (ein sehr anschauliches Wort!), aus dem die Finger wachsen. Der Handteller kommt aus dem Arm, er steht sozusagen davon ab. Ein Strich im rechten Winkel am Ende des Armes kennzeichnet ihn, von ihm stehen wiederum die Finger, jetzt meist schon genau fünf, ab. Uns erscheint das wie ein Kamm oder eine Bürste. Für die kindliche Zeichensprache ist diese Form folgerichtig. Bald malt das Kind einen dicken Bauch, meist einen Kreis, manchmal auch ein Rechteck. An den Beinen stecken Schuhe. Dann reicht der Strich für Arme und Beine nicht mehr aus. Es werden Ärmel und Hosenbeine daraus. Alles bekommt mehr Volumen. Vielleicht ist das Auge kein leerer Kreis mehr. Ein Punkt markiert die Pupille, Augenbrauen entstehen. Statt des Punktes für den Nabel können es konzentrische Kreise werden. Oder der Körper wird waagrecht geteilt, als Zeichen für Gürtel oder Kleidung überhaupt. Das Bild des Menschen vervollständigt sich. Allerdings hat sich damit das Kind selbst in „graphische Schwierigkeiten" gebracht. Wenn der Arm zum Ärmel, das heißt zu einem langgezogenen Rechteck wurde, läßt sich der Handteller nicht mehr in der gewohnten Weise abgrenzen. Er ist deckungsgleich mit dem Ärmelrand. Jetzt muß Ihr Kind für sich etwas Neues erfinden. Nun wird der Handteller kreisförmig, und die Finger werden herumgezeichnet oder wie die Kapellen einer mittelalterlichen Kirchenapsis herumgerankt. Andere Kinder zeichnen die Hand wie einen Pinsel an eine Ecke des Ärmels. Für uns ist jedenfalls interessant, wie das Kind in dieser Phase eine gewohnte Lösung verläßt und nach einer neuen sucht, weil sich sein Bewußtsein erweitert hat. (Das sollten wir Erwachsene manchmal auf uns übertragen …)

Mein Kind zeichnet immer nur *den* Menschen.

Das ist zunächst ganz normal. Ihr Kind entwickelt, ent-wickelt(!) das Bild vom Menschen ganz allgemein. Manche Kinder unterscheiden lange nicht zwischen männlich und weiblich. Eines Tages ist es aber dann soweit.

Männlich – weiblich

Zunehmend eindeutiger unterscheiden die Kinder in ihrer Formensprache nach den Geschlechtern. Sie sind etwa 6 Jahre alt.

SAM

Das kann mitten in einer Zeichnung mit mehreren Figuren geschehen. Das Kind verwendet andere Formen für sein Menschenbild. Meist meldet sich das neue Menschenbild aber durch kleine Einzelheiten an, die wir aufmerksam mitverfolgen können. Die Mama erhält plötzlich ganz lange Haare oder Ohrringe oder ein Schmuckstück. Der Vater bekommt eine Krawatte usw. Es sind im allgemeinen typische Attribute. Bis dann das Mädchen dasteht, mit dreieckigem Rock (beispielsweise), mit Haaren und Schleife und Haarspange, der Junge mit einem meist rechteckigen Körper. Es gibt Gürtel, Knöpfe, Hüte, was Ihrem Kind halt ein- und auffällt. Die Arme sind weit auseinandergestreckt. Es wird alles so deutlich wie möglich gezeichnet. Deshalb gibt es normalerweise auch keine Überschneidungen. Das Gesicht wird von vorn gezeigt, der Körper auch, die Beine und Füße von der Seite, auch die Arme, die Hände wieder deutlich in die Fläche gedreht. Ihr Kind steht mit den Beinen fest auf dem Boden. Man sieht das Selbstbewußtsein – „Ich bin ich!"

Wie verändert sich das Bild des Menschen im Grundschulalter?

Ihr Kind kümmert sich jetzt immer mehr um Details. Das Auge bekommt Mandelform; Pupille, Iris, Tränendrüse tauchen auf, Wimpern und Augenbrauen. In das Ohr werden zunächst willkürlich Linien gezeichnet, später wird schon genauer hingesehen. Auf jeden Fall entdeckt Ihr Kind die Öffnung im Ohr ebenso wie die Nasenlöcher, Ober- und Unterlippen usw. Es ist nicht mehr irgendein Kleid, sondern dieses mit den blauen Streifen, der Pullover mit dem Zöpfchenmuster. Die Schuhe bekommen Schuhbänder mit Schleifen. Vor allem wird die schematische Haltung aufgegeben. Die Arme biegen sich nach unten. Die Hände sind manchmal vor dem Körper. Es gibt also jetzt Überschneidungen. Die Hände greifen, halten die Dinge. Ihr Kind wird in die Umgebung mit eingebunden. Es beginnt im Detail genauer zu beobachten. Licht und Schatten können auftauchen. Die Nase kann zum Problem werden. Sie sollte ja eigentlich nach vorne herausragen. Aber, wie soll man das machen?

Menschen.

- Junge, 7.
- Mädchen, 7.
- Mädchen, ca. 11.
- Mädchen, ca. 11.

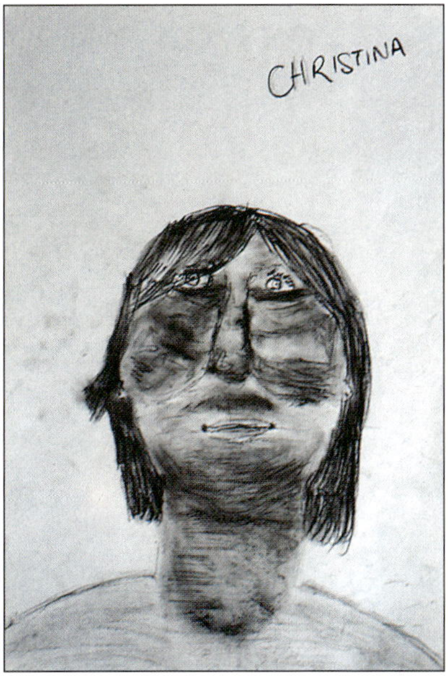
CHRISTINA

Selbstbildnis in Lebensgröße.

Franzi (8) staunt, wieviel sie in einem Jahr gewachsen ist.

Selbstbildnisse eines 11jährigen Jungen.

Mit anderen Worten: Ihr Kind wächst aus einem Weltbild, in dem das Bild der Dinge und des Menschen aus dem Erleben und Wissen entstanden und in die eigene Zeichensprache übersetzt werden, allmählich heraus in eine Welt hinein, die es mehr direkt beobachtet, beachtet und in seiner Zeichnung wiedergibt. Es ist dabei gegen Ende des Grundschulalters unter Umständen etwas unsicher. Der Radiergummi spielt eine größere Rolle. Die expressive Bildmächtigkeit weicht gelegentlich schon einem Suchen nach realistischer Farb- und Formwiedergabe. Es ist eine Zeit des Übergangs, die wir in den Bildern unseres Kindes gut verfolgen und miterleben können.

An einem Beispiel möchte ich gerne so einen Übergang zeigen. Das Kind im Vorschulalter zeichnet üblicherweise das Gesicht von vorne, weil es da alles am besten zeigen kann: zwei Augen, zwei Ohren, Nase, Mund, Haare usw. Durch irgendein Erlebnis entdeckt das Kind das Profil. In dem Fall, an den ich mich gerade erinnere, war es ein Schattenspiel. Die Kinder standen mit dem Rücken zur Bildquelle vor der großen Leinwand und gestikulierten. Wenn sie direkt nach vorne sahen, war der Kopf wie eine Scheibe, die zuschauenden Kinder auf der anderen Seite der Leinwand erkannten sie nicht. Erst als sie den Kopf zur Seite wandten, wußten sie, das ist die Petra, der Johannes usw. Ich fand dieses Erlebnis gleich wieder in den Zeichnungen, allerdings auf eine kuriose Weise. Ein Kind zeichnete z.B. den Kopf als Scheibe und brachte seitlich die Nase an und darunter den Mund. Soweit war alles noch klar. Neben der Nase war das Auge und – nun kommt es – neben dem einen Auge das andere. Das ist doch logisch, oder? Zwischen den beiden Augen sitzt aber die Nase und darunter der Mund. Für die beiden Ohren war jetzt nur noch auf der freien Seite des Kopfes Platz. Damit man sie beide sah, mußten sie übereinander angeordnet werden. Das Ergebnis: 2 Augen, 2 Nasen, 2 Münder, 2 Ohren. Das Kind schwankte während des Zeichnens ständig zwischen seinem Wissen und der neuerlichen Beobachtungserfahrung. Es dauert einfach seine Zeit, bis sich das neue Weltbild des Kindes klärt. Die müssen wir ihm geben.

Mein Kind hat einen Vogel mit vier Beinen gezeichnet!

Für ein kleines Kind muß ein Hund ein höchst merkwürdiges Wesen sein. Wenn es nicht der eigene Hund ist, zu dem eine klare

Meine Freundin.

Ein zwölfjähriges Mädchen hat seine Freundin sehr genau beobachtet und gezeichnet.

innere Beziehung besteht, ist es ja zunächst einmal ein Lebewesen mit einem großen Maul, manchmal langen Ohren, mit beeindruckenden Zähnen, lebendigen Augen und dazu ständig in Bewegung. Er kann knurren, bellen, winseln usw., er ist jedenfalls etwas höchst Lebendiges. Für kleine Kinder tauchen Hunde und Katzen oft schon im sinnunterlegten Kritzeln auf, so wichtig sind sie. Wenn sich die Zeichen, d.h. eigentlich, wenn sich Bewußtsein und Empfindungen klären, ist das Tier dann ein quergelegter Mensch mit vielen Beinen, gleichgültig ob Fisch, Vogel, Hund, Katze, Kuh oder was sonst noch kreucht und fleucht. Vorne ist ein menschliches Gesicht – gemäß dem jeweiligen Entwicklungsstand – hinten drän ein großer Körper. Ist es ein haariges Tier, stehen die Haare nach allen Seiten ab wie bei den Tastfiguren. Erst allmählich kommen das Geweih, die Hörner, die Flügel, der Schwanz – eben alles, was Ihr Kind jetzt weiß. Da können schon bestimmte Vogelfedern wie die kleinen weißblauen Federchen des Eichelhähers oder der Kopfputz des Kibitz, das rote Brüstchen des Rotkehlchens auftauchen, wenn sie dem Kind aufgefallen sind.
Im Laufe der Zeit werden sich die Beine verändern, bis sie gegen Ende des Grundschulalters naturwissenschaftlich immer korrekter werden. Wichtig dafür sind jetzt die Beobachtungen, während früher die Erlebnisse von Bedeutung waren, wobei auch kleine Kinder oft sehr genaue Detailbeobachtungen in ihre Zeichnungen einbauen.

Warum zeichnet mein Kind so unnatürliche Bäume?

„Mein Kind muß doch nur hinsehen, dann kann es beobachten, wie aus dem dicken Stamm die Äste wachsen und daraus wieder die Zweige und Ästchen. Das ist doch alles ganz organisch. Wieso zeichnet mein Kind einen Baum so, als ob man einen Gartenzaun auseinandergesägt und hochgestellt hätte?"
Ihr Kind sieht zwar hin und sieht das auch alles, übersetzt seine Beobachtungen aber in sein Verständnis und gibt das dann mit seinen Zeichen wieder. Danach ist ein Baum etwas, was in die Höhe strebt – die senkrechte Linie –, mit Ästen, die vom Stamm wegstehen; d.h. in der kindlichen Bildsprache, daß die Linien im rechten Winkel von der Mittellinie wegführen. Es ist ein Symbol

Tiere.

- M, 6. Ein Schaf und eine bunte Welt.
- M, 6. Ein Schmetterling in einem Perlenkreis. Das Fliegen wird durch die eingesteckten Vogelfedern noch verstärkt.
- M, 4. Veli (Hund) und Mali (Katze). Wir sehen nur die Köpfe mit vielen Haaren und die langen Schwänze.

eines Baumes geworden, ein Sinnbild für Hochstreben und Dasein.
Später wird der Stamm wichtiger. Seine Mächtigkeit kann ein hochgestelltes Rechteck wiedergeben oder ein spitzes Dreieck. Hier stehen die Äste wieder rechtwinklig ab. Beim Rechteck kommen oben viele Äste heraus, die zusammen die Baumkrone bilden. Erst im Laufe des Grundschulalters bilden sich organische Bäume, bei denen zunächst auch die Äste seitlich angeordnet sind. Eines Tages kommen dann Überschneidungen, d.h., Ihr Kind will deutlich machen, daß ein Ast vor dem Stamm wächst. Für Ihr Kind kann das eine wichtige Feststellung sein. Erst vor kurzem wurde ich von einem Mädchen speziell auf diese Stelle hingewiesen und belehrt, warum es das so gezeichnet hat.
Zunehmend werden nun die Rinde, die Wurzelansätze, die speziellen Blätter, Blüten und Früchte wesentlich.
Man kann aber gar nicht oft genug darauf hinweisen, daß der erste Linienbaum genauso intensiv und dicht ist wie der naturalistisch beobachtete.
Dieselbe Entwicklung gilt für alle Pflanzen in der Bildsprache der Kinder. Für kleine Kinder sind sie wunderschöne Gebilde in leuchtenden Farben und klaren Formen, oft sorgfältig in Beeten angeordnet oder in Blumentöpfe gesteckt. Leider werden hier von Kindern besonders oft auch Schablonen übernommen, die man aber leicht aufbrechen kann, wenn man zusammen mit seinem Kind genauer hinschaut. Während ich dies schreibe, steht vor mir auf dem Tisch eine Amaryllis. Vor drei Tagen habe ich sie hingestellt, mit zwei Stengeln und je einer dicken Knospe. Inzwischen hat sie sich geöffnet und zeigt auf jedem Stengel vier Blüten. Man kann fast zusehen, wie sie sich öffnen. Ein Kind, das so etwas miterlebt, kann keine Schablone für die Blume verwenden. Sie ist zu dürftig.

Die Maschinen, die mein Kind zeichnet, sind so merkwürdig.

In den Zeichnungen und Malereien zeigt Ihr Kind sein Bild von der Welt. Es ist eine Mischung aus Wissen, Empfinden, Überlegen, Kombinieren und Planen – ein großartiges Konzentrat. Die ganze Kinderwelt mit

Tiere.

- Ca. 6. Prinz, Prinzessin und ein kleiner Hund reiten auf einem Pferd.
- M, 8. Ein Pferd läuft in den Himmel.
- Ca. 6. Ein Elefant.

Licht- und Schattenseiten wird sichtbar. Die eigene Veranlagung und Vorliebe Ihres Kinders filtert diese Welt natürlich. Ich habe zwei Buben beobachtet, die Seilbahnen zeichneten. Der eine zeichnete die Masten, die Kabinen mit bunten Mustern und Leuten, die aus den Fenstern schauten, den Kasten, in dem die Skier steckten. Unten waren Fichten, Rehe, ein Hase zu sehen. Es war ein schönes, reich angelegtes Blatt. Das andere Blatt war vergleichsweise spröde – keine Landschaft, keine Leute, „nur" die zeichnerische Überlegung, wie die Seilbahn funktioniert. Es war eine kindliche Vorstellung mit eingerollten Drähten, Bremsen und einem Auslösehebel. So sah eine Seilbahn natürlich nicht aus. So könnte sie funktionieren. Man hätte das Blatt als Laie komisch nennen können, das war es aber ganz und gar nicht. Zufällig konnte ich den weiteren Lebensweg der beiden Zeichner verfolgen. Der erste wurde leidenschaftlicher Photograph und Beschäftigungstherapeut, der zweite wurde Diplom-Ingenieur. Es wurden in den Zeichnungen schon die Grundzugriffe zur Welt sichtbar.

Wir Erwachsenen können die Kinder besser verstehen, ihr Denken und ihre Überlegungen besser einschätzen, wenn wir lernen, ihre Bilddokumente genau zu lesen. Wir können mit ihnen denken und durch ihre Sinne ihre Welt erleben.

Bäume.

- Ca. 4,6. Christbaum, Haus, Blumen und Engel.
- Ca. 12. Vögel und Bäume. Zwischen diesen beiden Blättern (die nicht vom gleichen Kind stammen!), liegen ca. 8 Jahre. Man kann erkennen, welche inneren Räume Kinder in diesem Zeitraum durchmessen.

4 Stilmittel der Kinderzeichnung

1. Standlinienbild
2. Drehbilder
3. Ausdrucksproportionen
4. Simultanperspektive
5. Röntgenbilder
6. Farbe in der Kinderzeichnung

Was bedeuten die beiden Linien, die mein Kind immer an den oberen und unteren Blattrand zeichnet, bevor es richtig anfängt?

Ihr Kind hat sich sozusagen eine Bühne gebaut, den Vorhang aufgezogen, den Grund gelegt für die kommenden Ereignisse und zugleich das Oben gekennzeichnet und den Himmel eingezogen. Kinder finden verhältnismäßig früh zu dieser Ordnung auf ihrem Blatt. Man nennt das „Standlinienbild". „Unten" steht alles, was sich auf dem Boden befindet, „oben" hängen noch die Wolken und die Sonne, dazwischen sind die Luft und alles, was fliegt. Davon lassen sich Kinder nicht leicht abbringen. Ästhetisch beflissene Erwachsene würden Kinder gerne veranlassen, auch die Luft farbig zu fassen. Manchmal gehen sie darauf ein, meist ist die Feststellung „da ist Luft" eine abschließende Bemerkung. Da muß man dann schon auf farbige Papiere malen ... Im allgemeinen malt das Kind die untere Linie grün, die obere blau, beim Zeichnen sind es einfach zwei schwarze Linien.

Oft fällt Kindern so viel ein, daß sie eine verlängerte Standlinie bräuchten, um alles unterzubringen. Ihr Kind ist dadurch nicht in Verlegenheit zu bringen. Es zeichnet in die Luftzone einfach neue Standlinien ein, auf denen es unterbringen kann, was unten keinen Platz hat.

Vor dem Standlinienbild ist die räumliche Einteilung auf dem Blatt willkürlich und zufällig. Wie das Blatt liegt, so wird draufgezeichnet, manchmal auch über die Ränder hinaus. Man nennt diese Blätter „Streubilder". Sie sind, als ob man etwas ausstreut. Die Anordnung ist nicht auf das Blatt bezogen geplant.

Wenn das Kind in die Grundschule geht, verändert sich seine Raumauffassung. Sie wird realitätsbezogener. Sowohl der Himmel als auch der Boden werden zunehmend breiter. Der grüne Strich wird zur Wiese, die Dinge und Personen stehen im Raum. Der Himmel wird bis zum Horizont heruntergezogen. Das Kind hat sich jetzt eine Bühne mit Tiefenwirkung geschaffen, man nennt es oft „Schrägbild", das nach dem 10. Lebensjahr allmählich in eine perspektivische Raumsicht führt. Diese wird zwar noch nicht gleich bewältigt, man spürt aber das Suchen nach der Gesetzmäßigkeit des Fluchtpunktes.

Mein Kind dreht beim Zeichnen fortwährend das Bild. Weiß es nicht genau, wo oben und unten ist, oder will es sich nicht festlegen?

Stellen Sie sich einmal vor, Sie würden in die eine Ecke eines Blattes das Haus zeichnen, in dem Sie wohnen, und in die andere Ecke den Kindergarten, den Ihr Kind besucht. Beide verbindet eine Straße, an der zu beiden Straßenseiten Bäume stehen. Wie würden Sie das Problem auf Ihrem Blatt lösen?

Schräg von oben? In welcher Richtung? Verdecken dann die vorderen Bäume die hinteren und die Straße? Viele Probleme, nicht wahr? Das Kind wird damit keine Probleme haben. Es löst die Aufgabe in der ihm eigenen Logik. Die einen Bäume stehen am einen Straßenrand, da werden sie hingezeichnet. Die anderen stehen selbstverständlich auf der anderen Seite. Ihr Kind dreht das Blatt um und zeichnet die Bäume auf die andere Seite. Für uns wirken die Bäume wie umgeklappt. Man nennt diese Blätter auch „Klappbilder". Eigentlich wird hier aber gar nichts geklappt. Der Ausgangspunkt für die jeweilige Standlinie ist nur ein anderer. Das kann sehr schnell kompliziert werden. Wenn zum Beispiel am Straßenrand Autos parken und zwar an jedem; wenn gegenläufiger Verkehr herrscht; wenn es Seitenstraßen mit Häusern, Bäumen, Autos gibt ... Dann muß Ihr Kind tatsächlich das Blatt sehr oft drehen. Es weiß aber jeweils ganz genau, wo oben und unten ist. Deshalb dreht es ja das Blatt.

Warum zeichnet mein Kind die Größenverhältnisse falsch?

Es ist in der Tat so, daß sich unsere Kinder im Vorschulalter so groß zeichnen wie das Haus daneben, vielleicht sogar kleiner als die Blumen, die Vögel, die Schmetterlinge. Ich kenne ein Blatt, auf dem Alexander einen Igel vor dem Überfahrenwerden beschützt. Er steht über dem Igel, der wie ein großer Hügel unten den ganzen Blattrand ausfüllt. Der Igel ist wichtig, deshalb ist er groß. Kinder wählen die Größenverhältnisse nach der Bedeutung. Es sind „Ausdrucksproportionen". Durch die Wahl der Größe wertet das Kind. Zugleich gibt es uns die Möglichkeit, beim Lesen der Kinderzeichnungen ihre Werturteile nachzuvollziehen und in ihr Weltverständnis einzudringen. Wir können erleben, wie selbstsicher ein Kind ist, ob es ängstlich ist oder sich minderwertig fühlt. Wir wissen, was und wen es mag, was es beeindruckt oder auch, wovor es Angst hat.

Haben Sie schon einmal ein Selbstbildnis Ihres Kindes nach dem Besuch beim Zahnarzt gesehen – wenn es weh getan hat? Wie eine Klaviatur sitzt das „Gebiß" im Gesicht. Oder wenn Ihr Kind Obst vom Baum holt – wie lang da die Arme werden. Oder wenn es aufpaßt, mit langem Hals und riesigen Augen. Oder wenn die Familie beisammen

Drehbilder.

- J, 6. Bahnhof mit Lokomotive und Gleisen. Das Kind hat das Blatt beim Zeichnen gedreht.
- 5, 5. Wir spielen im Kreis.
- 6. Unser Ort mit Spielplatz und Fußballtor.

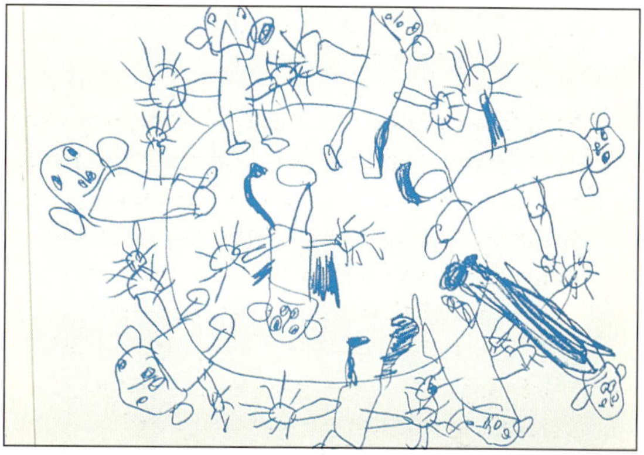

steht. Wie groß ist wer? Auch, wer steht neben wem?
Es sind aufregende Leseaufgaben, die uns viele Aufschlüsse geben.

Mein Kind malt die Häuser so merkwürdig und setzt immer den Kamin falsch aufs Dach.

Die kindliche Perspektive ist sicher für viele zeichnende Erwachsene, die sich noch nicht mit der Bildsprache der Kinder auseinandergesetzt haben, eine echte Herausforderung. Und trotzdem haben die Kinder recht. Ihre perspektivische Darstellung ist folgerichtig und konsequent. Wenn wir fluchtpunktgestählten Erwachsenen ein Haus zeichnen sollen, so wissen wir, daß die Horizontlinie auf Augenhöhe liegt. Alle Linien, die von mir wegführen und einen tieferen Ausgangspunkt haben, führen nach oben, die von höher ausgehenden laufen nach unten. Je weiter die Startpunkte von meinem Auge entfernt sind, desto größer wird das Gefälle. Im Extremfall treffen sich die Linien im Fluchtpunkt usw. In unserer konkreten Aufgabe bedeutet dies, daß ich zuerst die Vorderseite des Hauses zeichnen würde. Die Seitenkanten laufen von unten nach oben und von oben nach schräg unten. Das Haus erscheint schließlich perspektivisch richtig. So „dumm“ ist kein Kind! Haben Sie schon einmal ein Haus gesehen, das hinten niedriger wird? Wir zeichnen eine optische Täuschung, damit das Haus richtig erscheint (er-“scheint“!). Das Kind verfährt anders. Es zeichnet auch die Vorderseite des Hauses, geht dann förmlich um das Haus herum und zeichnet es von der Seite. Das bedeutet, daß die der Vorderseite abgewandte Seite gerade hoch geht – auch im Dach. Manchmal zeichnet das Kind auch noch die rückwärtige Hausseite dazu. Für uns wirkt das Haus dann gebogen. Schließlich setzt das Kind noch den rauchenden Kamin aufs Dach. Er steht im rechten Winkel von ihm ab: Das ist doch richtig, oder? Vom Kind aus gesehen schon. Für uns Erwachsene scheint er schief zu sein. Aber, einmal ehrlich, wieviel mehr kann uns das Kind von dem Haus mitteilen als wir mit unseren fluchtpunktgeschwächten Gebilden. Wir nennen das „Simultanperspektive“. Das bedeutet, ein Objekt wird unter verschiedenen Perspektiven zugleich angeschaut. Das kann an vielen Stellen in der Kinderzeichnung deutlich werden. Eine Vase steht unten, also gerader Abschluß. Zugleich

Ausdrucksproportionen.

- J, 4,8. Seiltänzer. Das Kind hat die Hände „entdeckt“.
- M, 6. „Ich gehe zwischen Blumen spazieren.“ Die wunderschönen Blumen sind sehr wichtig.

JOCH

sieht man oben, daß sie offen ist, also kreisförmige Öffnung!
Ein Tisch, auf dem viele Dinge stehen, wird in die Fläche geklappt. Da ist dann Platz für die Teller und Bestecke. Unten sind jetzt natürlich die vorderen Tischfüße. Wo sind aber die anderen beiden? Hier kommt die Kinderlogik an Grenzen. Sie werden fast verlegen irgendwo an der Seite schräg angebracht.
Normalerweise wird das Kind Räumlichkeiten so darstellen, wie es das auch vermag. Manchmal kollidieren aber Gefühl und Wille zur zeichnerischen Erklärung. Wenn ein Kind z. B. sein Zimmer zeichnen will, so kommt es schnell in Schwierigkeiten mit den Zimmerwänden. Es hat selbst das Gefühl, die Wände umgeben es. So zeichnen kleine Kinder oft die Wände rund um das Möbelensemble herum. Oder sie klappen ein paar Wände heraus. Bleibt das Eckenproblem, um das man sich irgendwie herummogeln muß. Wer dieses Problem aufmerksam mitverfolgt, wird oft schmunzeln, wie pfiffig Kinder an diese Probleme herangehen, die sie in ihrer Phase und mit ihren Möglichkeiten gar nicht lösen können.
Die Tiefenräumlichkeit entwickelt sich erst allmählich. Wir sehen das bei der Frage „Standlinienbild“. Irgendwann hat eine Kiste, eine Bank ein Volumen, das heißt, zur Vorderansicht tritt eine meist schon schräggestellte Seite. Oder eine Hausseite wird jetzt als Schrägbild an die vordere Fassade angehängt, während das restliche Bild noch flächig bleibt. Meist sind es die Überschneidungen, die das neue Raumgefühl anmelden.

Mein Kind zeichnet Häuser außen und innen zugleich. Ist das richtig?

Das ist eine großartige Möglichkeit, die Dinge zu zeichen, wie sie wirklich sind. Für das Kind gibt es kein Innen oder Außen, wenn ihnen das Dargestellte wichtig ist. Wir Erwachsenen haben dafür die eigentlich falsche Bezeichnung „Röntgenbilder“. Hier wird gar nichts durchleuchtet oder geröntgt. Wenn Ihr Kind etwas Gutes gegessen hat, sieht man das in seinem Bauch. Die Knödel,

Häuser.

- Ca. 4. Fenster und Raum.
- Ca. 4. Fenster zum Raus- und Reinschauen.
- M, 4,6. Fensterhäuser mit ausgeschnittenem Stern. Das Kind hat das Blatt gedreht und auf das rechte Haus eine Figur gezeichnet.
- 6. Haus mit Fenstern, Läden, Türe und Schmetterling.
- M, 8. Haus in der Landschaft mit Gespenst (rechts).
- J, 12. „Das Haus, in dem ich wohne, ist etwas, was ich in Germering sehr gerne mag (Südansicht).“

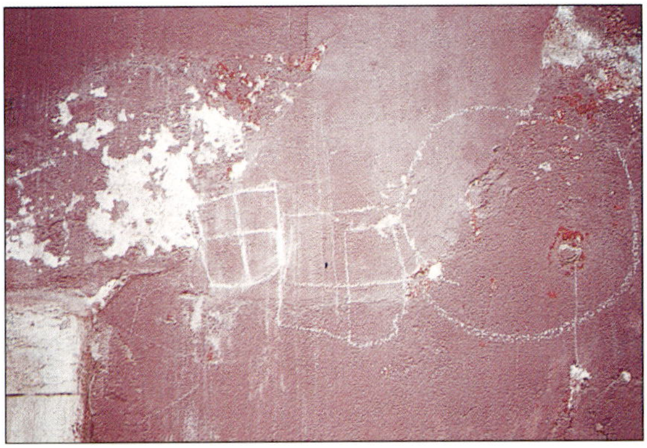

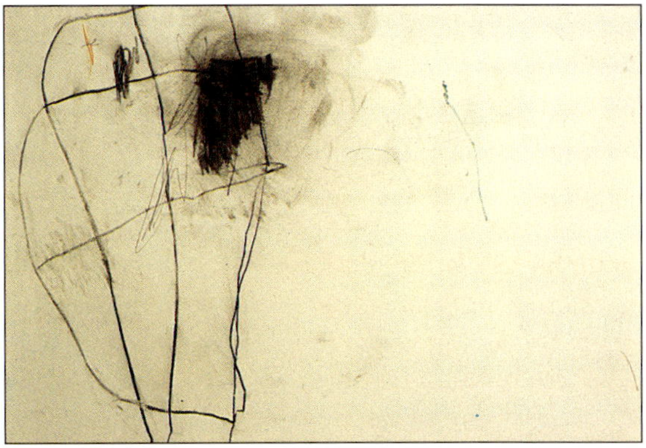

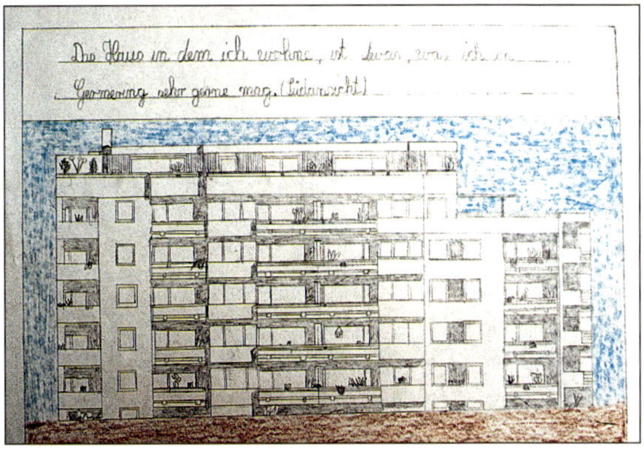
Das Haus in dem ich wohne, ist
Germering sehr gerne mag. (Südansicht)

die Bonbons füllen den ganzen Körper auf. Und wenn Ihr Kind sich zeichnen will, wie es Bauchschmerzen hat, so zeichnet es schon ein entsprechendes Liniengeknäuel in den Leib. Machen Sie ihm das einmal mit Ihren Erwachsenenzeichenmöglichkeiten nach … Ich habe wunderschöne Zeichnungen gesehen, in denen Kinder das noch ungeborene Geschwisterchen im Bauch der Mutter zeichneten. Oder gefüllte Einkaufskörbe, Pakete, Koffer, Schränke. Ich wußte genau, was drin war. Das Kind hat es ja deutlich genug für mich gemalt. Sonst hätte ich den Schrank und seine Türe nur von außen gesehen. Genauso entstehen eben auch Häuser. Man sieht die Fenster mit den Läden, die Haustüre, die Eingangstreppe. Zugleich blicken wir auf den Christbaum mit den Kerzen und Kugeln, auf den Tisch mit den Geschenken, wir sehen, wie die Mama kocht, alles im selben Bild. Neidisch könnten wir sein, daß das Kind das kann.
Es ist nicht nur normal, es ist phantastisch!

Mein Kind malte das Gesicht seiner Freundin grün! Warum nur?

Kinder haben einen sehr direkten Bezug zur Farbe. Schon die Allerkleinsten reagieren auf verschiedenfarbiges Licht unterschiedlich. Manche Kinder entwickeln verhältnismäßig früh Farbvorlieben. Sie bevorzugen bestimmte Farben über längere Zeit. Ich kannte einen Jungen, dessen Lieblingsfarbe Türkis war. Für ihn war Türkis = schön. Früher liebten die meisten Kinder Rot – über viele Jahrzehnte war das auf der ganzen Erde zu beobachten. Vor einigen Jahren war statistisch gesehen Violett die Lieblingsfarbe geworden, dicht gefolgt von Pink. Die Industrie hat sofort darauf reagiert. Es dürfte im Augenblick nicht leicht sein, Turnschuhe, ein Fahrrad, einen Fahrradhelm ohne zumindest entsprechende Farbtupfer zu erwerben. Wenn wir festgestellt haben, daß die Kinder im Vorschulalter, später nachlassend, nicht Sichtbares realistisch wiedergeben, sondern Gewußtes, Erfahrenes, Erlebtes in eine eigene Zeichensprache übersetzen, dürfen wir nicht

Raumdarstellungen.

- 6. Haus mit zwei Kindern und Auto in der Garage. Ein Standlinienbild.
- M, 6. „Wir bräuchten Radwege." Über der Blumenzeile beginnt eine neue Szene.
- 6. „Unsere Kirche." Wir befinden uns in einem Raum mit verschiedenen Ebenen.
- M, 8. Blumenstrauß. „Ich habe es so gezeichnet, daß hinten und vorne Blumen sind."
- M, 10. „Die Leute rutschen aus, weil so viel Abfall herumliegt." Fluchtpunktperspektive. Die Häuser sind noch schief am Straßenrand.
- J, 12. Bahnhof. Eine beeindruckende perspektivische Darstellung.

STOP

Simultanperspektive.

- M, 5,6. Haus. „Ich stehe oben." Die Seitenwand des Hauses ist rechts sichtbar.
- J, 6. Haus. Vorder- und Seitenansicht sind unter verschiedenen Perspektiven dargestellt.
- M, 7. Haus. Ein Kind fährt mit dem Roller, ein anderes läßt den Drachen steigen.

Röntgenbilder.

- M, 5. Haus mit Treppe. Innen und außen sind gleichberechtigt.
- M, 5. Haus mit Treppe.
- J, 6. „Der Blitz hat eingeschlagen." Im Speicher brennt es schon.

erwarten, daß die Kinder die Farben naturgetreu verwenden. Trotzdem gibt es Farbzusammenhänge, die Kinder im allgemeinen beachten. So ist die Wiese meist grün, das Dach rot, der Himmel bzw. die Wolken (!) blau, der See blau und die Sonne gelb (japanische Kinder malen die Sonne meist rot – die japanische Flagge: weiß mit rotem Sonnenball). Ausnahmen sind immer möglich. Darüber hinaus befolgen die Kinder keine Regeln. Oft liegen der Farbwahl sensibel empfundene Farbgesetze zugrunde. Die in der Fragestellung zu diesem Kapitel angesprochene Freundin hatte wunderschöne rote Haare. Das gemeinte Kind wäre immer gerne so gewesen wie die Freundin. Deshalb malte es sie auch immer wieder. Dabei wählte es für das Gesicht die Farbe Grün. Grün ist die Komplementärfarbe zu Rot. Durch den grünen Gegensatz leuchteten die roten Haare erst so richtig. Das war der Grund für die grüne Gesichtsfarbe!

Häufig findet man in den Kinderbildern die Komplementärpaare (d.h., die Farben, die sich im Farbkreis gegenüber liegen) Rot/Grün; Blau/Orange; Violett/Gelb.

Es gibt aber auch ganz andere Gründe für die Farbwahl. Bitten Sie doch Ihr Kind, es solle drei Farben wählen, die zu Ihnen passen. Sie werden staunen, mit welcher Sicherheit Ihr Kind für Sie Farben wählt, deren psychologische Aura unübersehbar ist. Kinder, vor allem solche, die mit dem Mischen von Farben Erfahrung haben, haben ein feines Gefühl für Farbstimmungen.

Mit zunehmendem Alter geht die expressive Ausdruckskraft der Farben in den Kinderzeichnungen verloren. Die Kinder bemühen sich mehr um das Lokalkolorit, d.h. um naturnahe Farbgebung. Während der Vorpubertät ist dieses Stadium erreicht. Die Farben werden blasser, vorsichtiger.

Viele Erwachsene sind dann sehr enttäuscht. Sie meinen, Ihr Kind könne nicht mehr malen, es habe die Begabung verloren. Das stimmt sicher nicht, wenn sich in diesem Alter auch die Interessensperspektiven verschieben. Es geht Ihrem Kind jetzt um etwas anderes. Expressive Farben sind dabei kaum dienlich, es sei denn, bei den später gefragten Sonnenuntergängen, Waldbränden und Vulkanausbrüchen. Da ist die alte Kraft noch da. Wer als Mutter oder Vater zu traurig ist, sollte sich selbst überprüfen, ob man nicht in sein Kind ein Bild hineinprojiziert, das nicht mehr stimmt und von dem aus man Schwierigkeiten hat, bestimmte Verhaltensweisen seines Kindes zu verstehen.

Man hat es nicht so leicht! Kaum hat man sich an ein Stadium gewöhnt, ist es schon Vergangenheit ... Die Farben bringen manches ans Licht.

Farbe.

- J, 6. „Farben, Regenbogen, Farben."
- M, 7. „Farben".
  Man spürt die Freude am „Verlaufen."
- 6. „Schöne Muster."

5 Materialien und Gestaltungsmittel

1. Materialien (Papier, Farben, Pinsel, Stifte, Kreiden)
2. Selbst hergestelltes Material
3. Arbeitsplatz
4. Tafel
5. Lineal
6. Techniken
7. Themen

Welche Materialien und Mittel braucht mein Kind?

Es gibt einen Kalauer, der hier nicht von der Hand zu weisen ist: „Lieber wenig und gut, das Gute aber reichlich!“
Ihr Kind braucht viel Material, das wissen alle, die Erfahrung mit gestaltenden Kindern haben. Mir tun alle Kinder leid, die auf gebrauchten Briefkuverts, auf der Rückseite von irgendwelchen bedruckten Blättern und vor allem, die immer auf kleinen Formaten arbeiten müssen. Im Notfall geht das immer. Wie oft hat man schon in Wirtschaften die Bedienung um einen Stift und ein paar Blätter ihres Rechnungsblocks gebeten, um die überlange Wartezeit zu überleben. Wenn ein Kind aber grundsätzlich nur Abfallpapiere bekommt, zeigt sich da doch eine Ein- und Wertschätzung der Erziehenden.
Also: nicht an der falschen Stelle sparen!

PAPIER
Hier kann man wirklich zum „Betteln“ gehen. In Buchdruckereien und Buchbindereien gibt es so viele Papierabfälle, die im allgemeinen ‚entsorgt‘ werden, oft die absonderlichsten Formate, die Kinder herausfordern und anregen. In Zeitungsdruckereien gibt es die ‚Kernrollen‘, die in der Maschine nicht mehr gegriffen werden, in Farbengeschäften die Tapetenbücher, in großen Büros die Computerpapiere. Findigkeit ist gefragt. Dazu ein paar Blöcke in verschiedenen Formaten, und es kann losgehen. Meiner Meinung nach ist die erste selbstverantwortliche und selbständige Entscheidung des Kindes hier: welches Papier, welches Format, welche Farben?

STIFTE
Es gibt heute so schöne Stifte. Man sollte eine Wunschliste für Geburtstage und Weihnachten anlegen, um die Geschenkflut sinnvoll zu steuern.
Bleistifte. Je kleiner das Kind, desto weicher der Bleistift. Ältere Kinder, die sehr genau zeichnen wollen, brauchen mittelharte Stifte, lieben aber auch sehr weiche, die vom weichsten Hellgrau bis zum tiefsten Schwarz zu steigern sind.
Farbstifte. Auch sie sind für akribisch zeichnende Kinder. Man sollte sie anregen, bei kleinen Formaten zu bleiben. Keine billigen Stifte kaufen!
Filzstifte. Sie geben sehr leicht leuchtende Farben ab. Leider verblassen sie im Laufe der Zeit und verschwinden schließlich völlig.
Graphitstifte. Sie sind besonders gut geeignet für kritzelnde Kinder oder für Kinder, die auf großen Formaten zeichnen.
Kreiden. Man könnte im Laufe der Zeit eine ganze Schachtel voll gebrauchen. Angefangen bei Tafelkreiden über Rötelkreiden bis hin zu Kohlen, Kohlestiften und -kreiden. Jede Art hat ihre Möglichkeiten.
Sehr verbreitet sind die *Wachsmalstifte* in verschiedenen Dicken. Sie haben ihren Reiz, brauchen aber etwas Kraft beim Einsatz. Kleine Kinder ermüden leicht.

Pastellkreiden haben ihre typischen Farbnuancen, sollten aber auf rauhem Papier verwendet werden, damit beim Zeichnen Farbe abgerieben werden kann.

FARBEN

Auch hier sollte nicht zu sehr gespart werden. Bei gleichem Elan sind die Ergebnisse mit billigen Mal- und Tuschkästen meist sehr enttäuschend. Wir wollen doch, daß die Kinder lernen, mit den Farben umzugehen und sie zu mischen. Von daher verbieten sich von selbst die waffenscheinpflichtigen Riesenmalkästen mit 48 und mehr Farben. Für die älteren Kindergartenkinder und die im Grundschulalter ist ein 12-Farbenkasten richtig. Manche haben noch Gold und Silber. Das mag mancher erwachsene Künstler nicht so sympathisch finden. Für die Kinder haben diese Farben Anmutungsqualität mit anderen Maßstäben.

Kleinere Kinder kommen meist mit weniger Farben aus. Besonders bewährt haben sich die Malpucks oder Farbsteine, die wie runde Seifen in entsprechenden Untersätzen ruhen und der ausladenden Reibbewegung der Kinder genügend Spielraum lassen. Man kann sie zu einem System zusammenstecken. Es sollten die drei Grundfarben Gelb, Rot und Blau vorhanden sein, ebenso ein scharfes Grün und Weiß und Schwarz. Mit dieser Palette kann man schon sehr viele Töne mischen.

Die ganz kleinen Kinder lieben in der Kritzelphase auch sogenannte Fingerfarben. Hier werden die Farbmassen mit den Fingern auf das Blatt gebracht und treiben ihr Spiel mit vollem Einsatz der Hände. Ein wahrhaft sinnliches Vergnügen.

Auf ähnlicher Basis beruhen die pastosen (Tempera-)Farben, die sich wie ein dünner Brei in Plastikflaschen befinden. Man kann sie in Yoghurtbecher geben (die man am besten in einen Schuhkarton stellt, damit sie nicht umkippen). Auch Dispersionsfarben (Kunststoffarben) eignen sich, sind aber relativ teuer.

TINTEN

Natürlich macht es auch Spaß, mit Tinten zu zeichnen (mit entsprechenden Federn oder Pinseln) oder zu malen. Nicht zu unterschätzen sind die wasserlöslichen Holzbeizen, die man sehr preiswert in vielen Abstufungen erhält. Sie sind sehr ergiebig und beim Malen sehr transparent.

Materialien.

- Ca. 4. Die Lust mit den Fingerfarben!
- M, 7. „Meine lieben Stifte".
- Die Kinder sollten möglichst viele verschiedene Materialien zur Verfügung haben.

PINSEL

Ihr Kind braucht verschiedene Pinsel. Zunächst einmal die Schulmalpinsel, mindestens einen ganz dünnen und einen sehr dicken, vielleicht noch eine Zwischengröße, dazu Borstenpinsel verschiedener Stärken, rund und flach.

Und – mindestens ein Japanpinsel wird gebraucht. Das sind asiatische Schreibpinsel, die je nach Haltung einen haarfeinen oder sehr breiten Strich ergeben. Man bekommt sie in Japan(China)-Läden, oft auch bei aufgeschlossenen Farbenhändlern. Sie sind einfach wunderbar zum Zeichnen und Malen, vor allem mit Tinten, Tuschen, Holzbeizen.

Wenn sie jetzt die Hände über dem Kopf zusammenschlagen, gehen Sie bitte nicht ins Geschäft und kaufen alles auf einmal. Abgesehen vom Preis wäre das für Ihr Kind eher schädlich. Es soll ja die verschiedenen Materialien erst erproben, kennenlernen und damit zeichnen und malen. Alles nacheinander. Papier sollte allerdings gleich genügend vorhanden sein. Die anderen Materialien können Sie vielleicht auf der Wunschliste so nach und nach abhaken.

Kann man Materialien auch selbst herstellen?

Natürlich kann man das. Das sind sogar sehr spannende Abenteuer, an denen sich die ganze Familie beteiligen kann.

Die Urmenschen, die ihre wunderbaren Tierbilder z.B. in Lascaux oder in Altamira auf die Felsen malten, verwendeten Erdfarben. Man kann im Laufe der Zeit eine erstaunlich breit gefächerte Sammlung farbiger Erden zusammentragen. Vom schwärzesten Schwarz über alle Braunschattierungen, Rot, Gelb, bis hin fast zum Weiß reichen die Farbtöne. Mit Tapetenkleister oder einem Kunstharzbinder vermischt, lassen sich daraus wunderschöne Bilder zaubern.

Oder aus dem eingedickten Extrakt verschiedener Tees, vor allem auch der „gesunden“. Oder der Absud verschiedener Pflanzen. Hier sind Tür und Tor für die Forschung offen.

Man kann natürlich auch Papiere selbst herstellen. Ich habe es mit kleinen Kindern mit der normalen Küchenausstattung geschafft. Die Kinder waren mächtig stolz, auch wenn die Papiere etwas von Pappendeckeln hatten. Danach ein paar schöne Japanpapiere be-

Techniken.

- J, 6. Martin druckt seine Spirale um.
- Kleisterfarben.
- Franzi (7) macht einen Linolschnitt und -druck von San Cucino, dem Küchenheiligen.

MARTIN

FRANZI

trachtet, hebt den Wert. Schließlich ist man jetzt vom Fach.
Sie müßten für dieses Kapitel etwas in der Fachliteratur blättern (z.B. Seitz 1994 „Kinderatelier"). Es übersteigt die Titelfrage dieses Buches. Auf jeden Fall sollten Sie bei der nächsten Grillparty dürre Äste und Zweige in Alufolie einwickeln und in die Glut legen. Hinterher haben Sie zu dem lieblichen Geruch noch Kohlestifte, mit denen Sie und Ihr Kind wirklich zeichnen können.

Braucht mein Kind einen eigenen Arbeitsplatz?

Schön wär's. Normalerweise ist das aber nicht möglich. Unsere „orthopädischen" Wohnungen sind ja oft schon zum gleichzeitigen Einatmen zu eng. Wir werden Kompromisse schließen müssen. Kinder sehen das schon ein und halten sich auch an Spielregeln. Aber Platz braucht Ihr Kind zum Zeichnen und Malen! Hier ist Ihre Phantasie gefragt, wie man das am besten löst. Oft ist eine große Hartfaserplatte, auf den Tisch gelegt, schon eine Hilfe. Nach Gebrauch wird sie irgendwo hinter den Schrank geschoben. In heißen Phasen können entsprechende Unterlagen für den Boden bereitstehen. Wachstuchtischdecken haben sich auch bewährt. Wenn Ihr Kind es gewöhnt ist, zieht es auch seinen Kittel an. Er muß nur auffindbar sein, am besten immer am gleichen Platz. Als günstig erweisen sich alte Herrenhemden mit (auf der Höhe des Handgelenks der Kinder) abgeschnittenen Ärmeln. Das klingt alles etwas pedantisch. Die Kinder sollten aber frei arbeiten können, d.h. ohne Angst, es könnte etwas „passieren" (und somit wäre wieder ein Krach fällig ...). Wenn es möglich ist, sollten der Farbkasten, die Kreiden und Stifte, Schere, Klebstoff, Klebstreifen, evtl. ein Messer in einer Schublade beisammen sein. Man kann sie bei Bedarf einfach auf den Tisch stellen. Wieviel Energie geht verloren, wenn man die einzelnen Farben, Pinsel usw. erst zusammensuchen muß, sobald man malen möchte. Irgendwie ist dann der Dampf draußen.
Das Papier sollte in einer Mappe beisammen sein. Die kann dann Blöcke verschiedener Größe, interessante Einwickel-, Bunt-, Transparentpapiere enthalten. Ein altes Tapetenbuch, wie sie in Malergeschäften am Jahresende verschenkt werden, liefert großartiges Material.
Natürlich wäre es schön, wenn es eine Werkstatt, einen atelierähnlichen Raum gäbe. Man sollte aber auch nicht unterschätzen, wie gerne Kinder in der Nähe der Mama oder des Papas zeichnen und malen, wenn diese es mögen.

- J, 9. Sascha geht so gerne ins Schwimmbad.
- M, 7. Eva war im Zoo.

Soll mein Kind eine Tafel bekommen?

Gemeint ist mit dieser Frage sicher nicht die alte Schiefertafel, obwohl ich sie auf einem Flohmarkt sofort für mein Kind kaufen würde. Das Zeichnen mit einem Griffel wäre einmal zu einem besonderen Anlaß eine schöne Abwechslung.
Ihr Kind braucht nicht unbedingt eine Tafel. Wenn Sie Platz haben, wäre sie allerdings wirklich sehr schön. Das Zeichnen mit Tafelkreiden auf eine große Fläche mit ausholendem Körpergestus ist ein Genuß. Kinder machen das sehr gerne. Damit scheiden aber die kleinen Tafeln aus, mit wackligem Gestell, die heute üblicherweise im Handel sind. Ihr Vorteil leuchtet mir nicht ein. Ein ebenso großer Block, der sicher auf dem Tisch liegt, ist bestimmt besser.
Ich meine große Tafeln, die man selbst herstellen kann. Man dübelt eine Hartfaserplatte an die Wand und streicht sie mit Tafelfarbe. Die Tafeln funktionieren wunderbar. Für die Kinder ist es ein Erlebnis, an der großen senkrechten Wand zu arbeiten, sich mit der Kreide bücken und strecken zu können, lange Linien zu ziehen und dann das ganze Produkt wieder löschen oder zwischenzeitlich korrigieren zu können.
Das ist allerdings dann auch unser Problem. Manche sehr schöne und reich angelegte Zeichnung verschwindet einfach. Uns blutet das Herz. Wir sollten einen Photoapparat (mit Film!) bereitlegen. So gäbe es wenigstens ein Dokument.

Soll ich meinem Kind das Lineal wegnehmen?

Das sollten Sie nicht. Eines Tages entdeckt Ihr Kind, daß man an einem Lineal entlang wunderbar genaue Linien ziehen kann. Eine Faszination! Das geht auch mit Winkeldreiecken, Kurvenlinealen, Schablonen etc. Es ist ein neues Experimentierfeld, das nach allen Regeln der Kunst ausprobiert und abgeschritten wird. Natürlich vermißt man die sensible, zarte oder auch dynamische Zeichnung, die man gewöhnt ist. Man sollte aber auch kein Dogma daraus machen. Wenn Ihr Kind gar nicht mehr anders zeichnet, sollten Sie darüber nachdenken, ob nicht einmal eine neue Technik, z.B. eine Drucktechnik Ihr Kind „umleiten" könnte. Das gelingt bestimmt, weil die Begeisterung über die neuen Möglichkeiten dieser Hilfsmittel bald nachläßt.
Das gilt auch für Stempel. Ich konnte das an meiner Tochter Franzi beobachten. Eduardo Paolozzi hatte ihr eine ganze Kiste mit Stem-

- M, 3. Dagmar sagt: „Da wohne ich."
- M,12. Ruxandra möchte hier gerne wohnen. Wir können wieder verfolgen, wie sich in knapp 10 Jahren das kindliche Bild der Welt verändert.

peln geschenkt: jede Art von Tieren, Figuren, Buchstaben, Zahlen. Es war ein Wunderreich. Mit größtem Elan wurden alle ausprobiert, kombiniert, schließlich in die eigenen Bilder mit eingebracht. Dann ließ der Schwung nach. Heute holt sie die Kiste aus dem Schrank, wenn sie aus einem konkreten Anlaß einen bestimmten Stempel braucht.
Lineale, Winkel, Stempel können zu sinnvollen Hilfsmitteln werden, die das Kind ökonomisch verwendet. Wenn ich sie dem Kind wegnehme, steigt ihre Bedeutung ins Gigantische …

Soll ich mit meinem Kind verschiedene Techniken ausprobieren?

Dazu möchte ich Sie sehr ermutigen. Sie arbeiten dann sozusagen in der selben Werkstatt, können Entdeckungen und Erfahrungen austauschen, sich über Fehlschläge hinwegtrösten und sich über gute Ergebnisse freuen.
Es wäre gut, wenn Sie sich etwas vorbereiten würden, damit das entsprechende Material vorhanden ist und Mißerfolge vermieden werden. Diesen Vorsprung sollten Sie allerdings nicht in eine „Dozentenstelle" ausbauen, sondern dafür verwenden, ein erfolgversprechendes Experimentierfeld vorzubereiten.
Es gibt hierzu sehr viel Literatur. Sie werden in jeder Buchhandlung etwas finden. Eines davon heißt „Kinderatelier – Malen, Zeichnen, Drucken, Bauen" (siehe Literaturverzeichnis). In diesem Buch habe ich zusammen mit dem Münchner Team (Mütter, Erzieherinnen, Lehrerinnen) über 50 Techniken für die Praxis beschrieben. Sie sind leicht umzusetzen. Hier können sie nicht ausführlich genug beschrieben werden. Ich möchte nur eine Reihe dieser Techniken aufzählen, um Sie ein wenig zum Ausprobieren zu animieren.
Selbstgemachte Farben; Farben spritzen; Kleister und Sand; Farbe pusten; Klecksbilder; Wachstropfenbilder; Farbe spachteln.
Malen mit Kugeln; Malen mit Fingerfarben, Aquarellfarben, Wachsmalkreiden, Zuckerkreiden, Tusche, Holzbeizen, Filz- und Löschstiften, Buntstiften, Graphit und Kohle, Dispersionsfarben.

- J, 8. Florian ärgert sich, weil der Baum so zugepflastert wurde und zu wenig Wasser bekommt.
- J, 11. Adrian regt sich über die Abgase auf. Im Vordergrund steht ein sterbender Baum. Er hat so wütend gezeichnet, daß das Papier gerissen ist und hinterklebt werden mußte.
- J, 12. Frank schildert seinen Blick auf den Park mit den Tieren. Leider „haben sie Häuser gebaut, die nicht passen. Ich habe sie schwarz umrandet."

Kinderbilder aus dem Balkan.

– Ca. 10. „Wir fahren in der Straßenbahn." Man sieht innen und außen zugleich. Über den Haltegriffen sind die Bügel der Oberleitung. Unten sehen wir die Räder.
– Ca. 10. „Markt." Das Kind hat die anschauliche Szene sehr lebendig über das Blatt verteilt.

Kinderbilder aus Japan.

- Ca. 6. „Hier wohne ich." Für den Platz, die Straße und die Treppe hat das Kind das Blatt gedreht. Die Sonne ist rot.
- Ca. 6. Buddhas im Schnee.

Papierherstellung; Kleisterpapiere; marmorierte Papiere; Absprengtechnik; Sgraffito; Hinterglasbilder; Übermalungen; Collagen; Drucktechniken: Monotypien, Stempeldrucke, Hand-, Fuß-, Finger-, Nasendruck, Schnurdruck, Materialdruck, Styropordruck, Frottagen usw.
Es gäbe also einiges zu tun. Ärmel hochkrempeln und anfangen!

Welche Themen soll ich als Mutter oder Vater mit meinem Kind bearbeiten?

Die Frage ist vermutlich falsch gestellt. Sie offenbart ein Mißverständnis. Die Familie ist nicht der Kindergarten oder die Schule. Sicher gibt es bestimmte Anlässe, die uns anregen, zusammen mit dem Kind thematische Überlegungen anzustellen: Omas Geburtstag, Muttertag, Weihnachtsgeschenk usw. Man will jemandem eine Freude machen und überlegt sich, mit welchem Bild das gelingen könnte. An anderer Stelle wird auch erörtert, wie ich mich verhalten könnte, wenn meinem Kind nichts einfällt, wenn es nicht zurechtkommt.
Sonst ergeben sich für Ihr Kind die Themen eigentlich von selbst. Sie können ihm helfen, indem Sie vielfältige Erlebnisse „organisieren". Es werden immer mehr Themenbereiche dazuwachsen, wie Jahresringe. Im Grunde schafft sich jedes zeichnende Kind seinen „Orbis pictus", über seine Bilder ein Bild der Welt, bestimmt seinen Platz, nimmt Stellung, wertet und gestaltet. Die äußere und die innere Bildwelt werden vielfältiger, komplizierter, sicherer.
Im Zentrum der Themen steht stets das Kind selbst als Person, sein Körper, seine Kleider als äußere Attribute, aber auch seine Phantasien, Ängste, Konflikte, Wünsche, Freuden.
Die nächste „Schicht" sind seine Kontakte zu Menschen und Dingen: Mutti und Vati, Geschwister, Freundinnen und Freunde. Oder angsteinflößende Begegnungen, der „schwarze Mann u. Co.", Begegnung mit Freude und Leid, Krankheit, Tod, Religion. Gemeint sind aber auch Kontakte zu Tieren, Pflanzen, Wohnung, Haus und Dingen. Je weiter die Begegnungswelt, desto reichhaltiger die Themen in Zeichnung und Bild.
Im Laufe der Zeit kommen andere Dimensionen dazu. Die Märchen- und Fabelwelt, religiöse Geschichten, eine Welt der Wunder

Kinderzeichnungen müssen nicht immer auf Papier sein …

- J, 5. Christus
- M, 7. Christus
- M, 7. Franziska hat auf Sperrholz gezeichnet. Ich sägte die Zeichnung aus. So entstand ein Spielobjekt.
- M, 7. Clown.

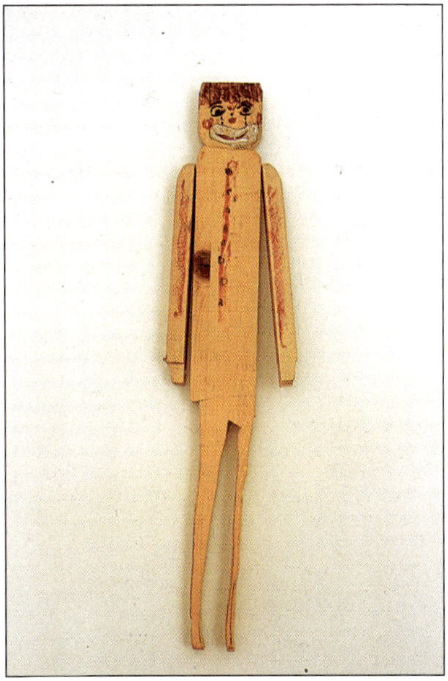

und exotischen Ereignisse oder ganz real Sport, Zoo, Zirkus, Ausflug, Reise, Beobachtung neuer Bereiche.
Geschichtliche Interessen tauchen auf: Wie lebten Menschen früher? Ritter, Seefahrer, Piraten, Urzeitwesen. Man denke nur an die Invasion der Dinosaurier.
Auf manche Kinder übt die Welt der Technik eine magische Anziehung aus. Maschinen, Fortbewegungsmittel, Schiffe, Flugzeuge, Hubschrauber, Raketen, Satelliten.
Natürlich sind das keine Themen der kleinen Kinder. In einzelnen Blättern können sie sich aber schon anmelden. Fremde Sterne, Sonne und Mond bewegen Kinder eigentlich immer.
Das Kind lebt in einem Kosmos mit vielen Atmosphären, zwischen Realismus und Irrealität. Es wandert mit seinen Bildern in immer neue Bereiche, verläßt ein gleichsam magisches Weltbild und gelangt in die Position des forschenden Beobachters.
Wir brauchen nur die Kritzeleien eines 2jährigen Kindes neben das durchgestaltete Blatt eines 12jährigen zu legen, um ermessen zu können, welchen Weg unser Kind in 10 Jahren zurückgelegt hat.
Und wir dürfen es dabei begleiten! Wir haben eine mäeutische Aufgabe, d.h., wir sind Hebamme oder (wie heißt denn dazu die männliche Form??) Hebammerich. Wir versuchen, dem Kind zu helfen, sich zu „äußern", seine Bilder von innen nach außen zu bringen.

6 Von Lob, Kritik und Randgebieten

1. Lob und Tadel
2. Korrektur von Fehlern
3. Sinneswahrnehmungen als Gestaltungsthemen
4. Muster
5. Singen und Musik beim Malen
6. Sterne
7. Vorzeichnen
8. Schreiben

Muß ich mein Kind eigentlich immer loben?

Nein! Zeichnen und Malen sind eine selbstverständliche Ausdrucksform Ihres Kindes, wie Singen, Tanzen, Spielen. Man sollte deshalb keinen Kult daraus machen. Man sollte die Tätigkeit auch nicht unterbewerten. Sie kennen Ihr Kind am besten und umgekehrt. Ihr Kind weiß genau, ob Sie es wirklich schätzen, wenn es zeichnet und malt. Es fühlt genau, wie ernsthaft Sie sich für die Inhalte, mit denen es sich beschäftigt, interessieren, oder ob Sie nur oberflächlich zustimmen. Wenn Sie wirklich an der Welt Ihres Kindes Anteil haben, werden Sie auf jeden Fall in das künstlerische Abenteuer mit hineingezogen, und Sie spüren, wenn Ihrem Kind etwas besonders gut gelingt, Sie sehen die leuchtenden Augen und den Stolz. Neben der selbstverständlichen Unterstützung und Förderung finden Sie mit Sicherheit die richtigen Worte, um das zu würdigen. Sie freuen sich ja doch selbst mit Ihrem Kind. Oft ist auch nur das zustimmende, ermunternde Zulächeln, der kleine Stups: „Prima!", ausreichend. Ich würde nicht viel darüber nachdenken, sondern einfach normal reagieren. Schlimm ist Lob als Pflichterfüllung, als höfliche Formel. Da kann man manchmal ganz schön neben dem Schuh stehen. Da wird gleich gekontert. Ein brüskiertes oder schnippisches „Ich hab mich gar nicht geplagt" ist das Mindeste. Und Ihr Kind hat recht.

Es gibt aber auch Tage, an denen Ihr Kind vielleicht zu selbstgefällig etwas „hinhaut" und sofort dafür ein dickes Bündel Streicheleinheiten abholen will. Da muß es schon erlaubt sein, auch einmal zu sagen: „Ich glaube nicht, daß Du da schon ganz fertig bist. Ich habe das Gefühl, heute zeichnest Du gar nicht so gerne. Du gibst Dir nicht so viel Mühe wie sonst." Oft braucht es das sicher nicht. Wenn Ihr Kind wirklich zeichnen und malen will, möchte es das auch gut machen. Aber, wie gesagt, es gibt auch neblige Tage. Ich muß den Tadel auch nicht immer in epischer Breite ausformulieren. Wenn ich auf einem Blatt eine Stelle ganz besonders interessant finde und das auch sage, ist es nicht nötig, ebenso deutlich zu sagen: „Aber die andere Seite finde ich gar nicht schön!" Das Kind ist sehr sensibel. Es spürt das auch so. Kinder sind bei Lob und Tadel nicht anders als wir Erwachsenen; oder umgekehrt. Wir müssen uns eigentlich nur so verhalten, wie wir es selbst gerne erleben würden.

Soll ich Fehler, die mein Kind beim Zeichnen macht, korrigieren?

Wir Erwachsenen halten leicht etwas für einen Fehler in der Kinderzeichnung, was wir mit unserem realismusgewohnten Auge für falsch halten, weil wir es anders beobachten und entsprechend zeichnen würden. Das führt dann unter Umständen dazu, daß wir den „schräggestellten" Kamin auf dem

Dach geraderichten möchten. Und genau das wäre falsch. Was heißt Fehler in der Kinderzeichnung? Wenn wir die Gesetzmäßigkeiten innerhalb der Entwicklung der Bildsprache der Kinder und ihre Stilmittel kennen, wissen wir um die innere Logik. Fehler könnten also nur entstehen, wenn Ihr Kind innerhalb seiner Entwicklungsphase nicht folgerichtig zeichnen würde. Auch das kann aber zu Fehlurteilen führen. Die Phasen sind ja nicht konstante Stadien, es sind Durch- und Übergänge. In einem „Fehler" kann sich eine neue Entwicklung abzeichnen.

Es gibt natürlich schon Nachlässigkeiten, vergessene Teile. Bevor aber der Zeigefinger gestreckt wird, sollten wir noch kurz nachdenken, warum unser Kind die Zeichnung nicht beendet hat. Ist es abgelenkt worden? Hat es die Lust verloren? Hat es eine andere Tätigkeit mehr interessiert? Meist ist es nicht wert, ein Wort darüber zu verlieren.

Wenn auf dem x-ten Blatt die Arme weggelassen wurden, kann man ja reagieren. Falsch wäre, jetzt eine Korrektur in Befehlsform zu geben: „Zeichne doch (Oberton: jetzt endlich) die Arme hin." Hier würde formal die Zeichnung verändert, nicht das Denken, das zu dieser Form führt. „Wie ginge das eigentlich, wenn Du auf Deiner Zeichnung einen Stab in die Hand nehmen möchtest?" Oft folgt: „Ach, ich habe ja die Arme vergessen!" Wenn es so nicht geht, kann man es ja direkter versuchen: „Ich glaube, Du hast etwas vergessen. Ich seh' es genau, d.h., ich sehe es eben nicht ..." Bis zur Anordnung gibt es noch sehr viele sanftere Anschübe, die das Kind viel ernster nehmen wird.

Wenn ich mein Kind wirklich gern habe, werde ich zu diesem Kapitel die richtigen Worte finden. Augustinus sagt: „Ama, et fac quod vis!" (Liebe und mache, was Du willst). Liebe verletzt nicht.

Mein Kind malt Gerüche ...

Wir werden noch von Kindern hören, die während des Zeichnens und Malens singen und den Rhythmus auf das Blatt schlagen, so daß eine partiturähnliche Komposition entsteht.

Manche Kinder haben das Bedürfnis, zu ihren Sinneserlebnissen farbige Entsprechungen zu suchen, besonders gerne nach Musik. Da kann ein bestimmtes Stück Anregung sein, das eine spezielle Stimmung ausstrahlt, wie „festlich", „traurig", „lustig", „nachdenklich", „still" oder bestimmte Instrumente – Schlagzeug, Flöte, Orgel etc. Meist werden das gegenstandslose Farbklänge mit Verzerrungen, nicht so geometrisch wie die schon erwähnten Muster oder Ornamente, aber sicher ebenso intensiv.

Von hier ist es nicht weit, auch andere „Sensationen" (was nichts anderes heißt als „Abenteuer für die Sinne") umzusetzen, wie eben z.B. Gerüche. Es sind herrliche Farbspiele, Lavendelduft zu malen, Rosenduft, den Geruch der Lieblingsspeise oder auch

Mistgeruch und anderen Gestank. Geschmackserlebnisse sind dann auch ein Thema. Ihr Kind wird „salzig“ anders interpretieren als den Geschmack von Bonbons, Pfeffer, Vanillepudding.

Manche Kinder übersetzen gerne Stimmungen in Farben, vor allem im Grundschulalter. Hier werden Farbklänge und -abstraktionen poetisch, lyrisch, dramatisch, in jedem Fall erzählend. „Ich bin traurig, einsam, mir ist langweilig. Ich bin krank. Ich freu mich so. Ich tanze vor Begeisterung. Ich bin wütend. Ich möchte raufen und streiten.“ Es reizt vielleicht auch uns Erwachsene, sich einmal mit dem Pinsel an solche Themen zu wagen. Unsere Kinder wären begeistert. Wir könnten auch zusammen malen – auf einem Blatt, abwechselnd.

Mein Kind zeichnet und malt so gerne Muster.

In einem bestimmten Alter haben die Kinder große Lust, Muster und Ornamente zu zeichnen. Das beginnt meist im sechsten Lebensjahr. Mit wachsender Begeisterung reihen sie geometrische Formen aneinander – Dreiecke, Rechtecke, Quadrate, Kreise. Es ist, als wenn sie alte Mosaikfußböden entwerfen würden. Vermutlich ist das jetzt ein spielerischer, freier Umgang mit den Bildmustern, die wir am Beginn der Bildsprache der Kinder kennenlernten. Manchmal ziehen die Kinder Diagonalen durch das Blatt, halbieren die Seiten, unterteilen die Strecken, als ob unhörbare Obertonintervalle bildhaft umgesetzt würden. Es ist sichtbare Freude an fast mathematischen Ordnungen.

Wenn die Kinder für sich zufriedenstellend ein Bild des Menschen entwickelt haben, das sie sicher und ohne Mühe zu zeichnen imstande sind, besitzen sie so viel Souveränität, so viel Freiheit, daß sie mit größtem Einfallsreichtum, mit nicht versiegender Phantasie und mit Elan beginnen, ihre Bilder vom Menschen zu verzieren. Linie wird unter Linie gesetzt, Zickzackzeilen lösen Punktreihen ab. Kreise, Dreiecke und kleine Quadrate werden in Reihen gebracht und rhythmisiert. Man meint, ungarische Ostereiermaler vor sich zu haben.

Ihr Kind ist dann aber auch selbst beeindruckt über das, was es da fertigbringt. Es ist dann in dem Alter, wo es sich darauf freut, in die Schule zu dürfen und viele neue Dinge lernen zu können.

Muster.

- M, 5,6. Die Sonne zwischen den Sternen und zwei Monden.
- M, 6. „Ein schönes Muster."
- M, 7. Eine Höhle in der Erde. „Die Mutter Erde blüht."

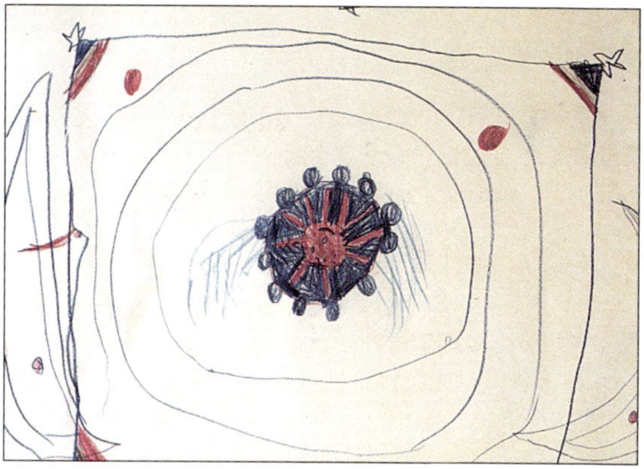

Mein Kind singt oft beim Zeichnen und malt dabei viele Punkte.

Viele Kinder, vielleicht auch Ihres, zeichnen oft pulsierende Bilder. Blätter mit vielen Punkten, kreisförmig, spiralförmig oder in Linien angeordnet. Wir können fast den Pulsschlag spüren. Das Kind entdeckt seinen Körperrhythmus, seine eigene Dynamik. Das zeigt sich in den Blättern wie Notenschrift. Oft wird aber auch der Rhythmus von außen bestimmt, durch das Lied, das Ihr Kind singt, durch Geräusche, die von außen kommen, durch Musik, die es gerade hört. Ich habe Kindern dabei zugesehen, wie sie ihren Pinsel seitlich nahmen und im Takt auf das Papier schlugen. Es entstanden wunderschöne Partituren, Niederschriften von kindlichem Rhythmusverstehen.

Sollte Ihr Kind das nicht machen, seien Sie nicht traurig. Diese direkte Umsetzung vom Hören ins Zeichnen ist nicht so häufig.

Es ist aber doch offensichtlich so, daß Kinder bei ihren Zeichnungen alle Sinneserlebnisse mit einbeziehen, nicht nur das Sehen. Sie zeichnen auch, was sie empfinden, und vor allem, was sie wissen. Vielleicht hängt damit zusammen, daß Kinder mit ihren Zeichnungen so viel näher an den Dingen sind als wir Erwachsene. Scheu setzt Distanz voraus, Abstand. Die Welt wird zum „Gegenstand“. Hören, Fühlen, Tasten, Schmekken ist immer ein Teilhaben, ein Drinsein. Das Wort Interesse (inter-esse) bedeutet nichts anderes.

Warum zeichnet mein Kind überall seine Sterne hin?

Wer aufmerksam durch die Stadt geht, kann tatsächlich immer wieder Kindergraffiti finden, die Sterne darstellen. Es ist aber auch ein aufregendes Zeichen. Ihr Kind zeichnet zunächst das Kreuz mit Senkrechte und Waagerechte und verdreht es nun, setzt es in Bewegung, zeichnet es noch einmal und hat einen wunderschönen Stern, das Konzentrat einer Tastfigur, ein Symbol für Strahlen und Licht. Wenn Ihr Kind das einmal entdeckt hat, wiederholt es für sich den Genuß des Malens und des Zeichensetzens immer wieder. Deshalb finden wir die Sterne auch überall.

Der Maler Joan Miró liebte diese Zeichen auch sehr. Auf sehr vielen seiner Bilder finden sich die Sterne, wie von Kinderhand gezeichnet. Egid (6) fand das in der Miró-Ausstellung gar nicht lustig. Er war auf den Kollegen richtig sauer: „Der malt mir alles nach“ meinte er.

Sterne.

Kinder im Alter von 5 und 6 Jahren zeichneten die Sterne auf die Hauswände.

M, 6. „Wir haben Fahnen. Der Hund ist da und viele, viele Sterne.“

Es gibt aber noch andere Zeichen für Sterne, die unsere Kinder faszinieren. Wenn sie einmal entdeckt haben, daß zwei gleichseitige Dreiecke, versetzt gezeichnet, ein wunderschönes Sechseck ergeben, bricht geradezu eine Epidemie aus. Immer wieder wird dieses Zeichen erprobt und gesetzt.

Das gilt auch für das Fünfeck. Man muß schon ganz schön clever sein, um es mit einer Linie zu zeichnen. An Hauswänden findet man gelegentlich ganze Versuchsreihen. Auch resigniert abgebrochene Versuche.

"Wehe“ aber, wenn Ihr Kind das kann. Dann gibt es kein Halten mehr. Franzi (8) bedeckt heute noch mit unglaublicher Geschwindigkeit den Himmel ihrer Zeichnungen mit fünfeckigen Sternen.

Es sind aber auch herrliche Zeichen.

„Zeichne mir ein Auto!" – Soll ich vorzeichnen?

„Zeichne mir ein Schaf“, sagte der kleine Prinz … Sie alle kennen die Stelle. Friede kehrt erst ein, als die Kiste gezeichnet wurde, in der das Schaf war.

Nicht jedem gelingt der Trick. Ich habe es noch nie geschafft. Im Gegenteil, die Kinder dringen mit ausdauernder Penetranz darauf, daß sie ihr Auto, ihren Hund etc. gezeichnet bekommen. Ich will aber gar nicht. Erstens möchte ich die Kinder nicht so gerne als Arbeitgeber haben. Zweitens möchte ich kein Gefälle aufbauen: Ich kann es besser. Damit würde auch festgelegt, das Kind kann es weniger gut. Doch das stimmt nicht. Es zeichnet anders, gemäß seinem Bewußtseinsstand. Bei mir ist das ja genauso. Mehr als mein Gehirn, meine Übung, mein Sehen kann ich auch nicht einsetzen. Daß ich erwachsen bin, ist nicht nur ein Vorteil.

Wie kann ich mich also herauswinden? Das Kind hat mich sozusagen im Schwitzkasten. Ich schlage ihm einen Deal, einen Handel vor: „Klar, zeichne ich Dir ein Auto. Du zeichnest mir aber auch eines. Dann tauschen wir!“ Ich habe noch kein Kind getroffen, das darauf nicht eingegangen wäre. Seine eigene Zeichnung ist damit – so meint es – schlagartig im Wert gestiegen. Einen Teil meiner Sammlung habe ich mir redlich erarbeitet. Darauf bin ich stolz, auch auf die vielen Erinnerungen, die mit den Blättern verbunden sind.

Manchmal zeichnen wir auch zu zweit, abwechselnd je einen Strich. Das ist sehr lustig und führt zu kuriosen Ergebnissen.

Kindliches Schreiben.

- Ca. 4,6. Schrift mit Zeichnung.
- J, 5,11. Marco schreibt zum ersten Mal seinen Namen nach.
- M, 6. Franzi schreibt einen ausführlichen Brief und freut sich darüber.

MARCO

Noch einmal: Sie sollten nicht vorzeichnen. Sie müssen sich etwas einfallen lassen, aus der Schlinge zu entschlüpfen – und wenn Sie selbst noch so gerne zeichnen.

Kann es sein, daß mein Kind schreibt, obwohl es gar nicht schreiben kann?

Manche Eltern sind ganz entsetzt. Sie meinen, Ihr Kind würde wieder kritzeln, wo es doch schon so schön gezeichnet hatte. Erst, wenn sie genau hinsehen, stellen sie fest, daß sich dieses Kritzeln doch sehr von früherem unterscheidet. Es sind Kritzeleien, in Zickzackformen, in kleinen Hieben, Linien und Punkten – aber in Reihen gebracht, wie auf unsichtbare Zeilen. Ihr Kind schreibt, d.h. genauer, es ahmt Ihr Schreiben nach.

Es muß für ein Kind ja ziemlich komisch wirken. Sie sitzen unansprechbar, in sich gekehrt vor einem Blatt Papier, in der Hand einen Stift, und setzen so merkwürdige Linienfolgen, eine unter die andere auf das Blatt. Dazwischen blicken Sie auf mit einem sonderbar metaphysisch transparenten Blick usw. Manche Kindere ahmen auch das Gehabe außen herum nach, die konzentrierte Haltung, die Falten auf der Stirn und den „Komm-oh-göttlicher-Funke-Blick". Man sieht sich selbst wieder. Vor allem schreiben sie Zeile für Zeile, falten das Ergebnis, kleben Kuverts, schreiben „Adressen" drauf und zeichnen die Briefmarken. Sie sind ganz bei der Sache.

Manchmal tauchen dann auch einzelne Buchstaben, meist Großbuchstaben, auf, dann zunehmend mehr, bis ein „Mama", „Papa", „Oma" daraus wird. Es sind intensive, konzentrierte Blätter.

Gelegentlich, gar nicht so selten, stehen die Buchstaben auf dem Kopf oder sind seitenverkehrt. Kein Anlaß zur Sorge. Eigentlich sehen wir auf unserer Netzhaut alle Dinge so. Das Sehnervenzentrum im Gehirn dreht das sozusagen um. Für das Kind gibt es keinen ernsthaften Anlaß dazu, die Buchstaben nach *unserer* Vorstellung auszurichten. Also, bitte nicht korrigieren. Das gibt sich von selbst, wenn es so weit und notwendig ist.

Es ist auch in keiner Weise nötig, dem Kind jetzt das Schreiben beizubringen. Dazu wird es ja in die Schule gehen. Es sollte nur lernen, seinen eigenen Namen zu schreiben. Vermutlich unterschätzen wir, was es einem Kind bedeutet, das zu können. Entsprechend groß oder vielleicht sogar verziert werden die Buchstaben in die Zeichnungen und Malereien gesetzt. So stolz Ihr Kind ist, wenn es von der Sache, die es meint, ein Zeichen setzen kann, so befriedigt ist es über seine Signatur: Das habe *ich* gemacht: FRANZI

7 Fragen aus dem Alltag

1. Maldisziplin
2. Spott älterer Kinder
3. Was soll ich malen?
4. Wie soll ich es malen?
5. Perfektion
6. Ich kann nicht malen
7. Mein Kind malt nicht
8. Immer das gleiche Thema
9. Destruktion
10. Schwarz
11. Verkrampfung
12. Fernsehen

Für mich ist es oft nahezu unerträglich, wenn mein Kind so schmiert.

„Schmieren“ ist ein schillernder Begriff. Erinnern Sie sich, wie Sie als Kind barfuß durch nasse Erde oder Sand gegangen sind. Der Schlick, in Bayern nennt man das lautmalerisch „Baaz“, quoll zwischen den Zehen durch, man versank fast. Oder das Spiel mit Wasser und Sand. Kinder sind dabei entspannt und glücklich. Ein ähnliches Gefühl haben Kinder, wenn sie Farbschlachten mit Fingerfarben austragen. Mit beiden Händen wird wie wild die Farbe hin- und her- und ineinandergeschoben.
Damit hat Schmieren nichts zu tun. Die Farbe bordet über. Für manche Mütter und Väter hat das etwas Erschreckendes. Diese scheinbar ungezügelte Urgewalt, die da losbricht, wie ein Vulkan.
Sind das auch die Eltern, die sagen, ihre Kinder seien schmutzig, obwohl sie eindeutig farbig sind??
Der Vater, der die obige Feststellung machte, meinte noch etwas anderes. Das zeigte sich im Gespräch. Er wollte, daß das Kind sauber malt, ordentlich, diszipliniert. Das sind in diesem Zusammenhang überdenkenswerte Begriffe. Ich kann natürlich das Kind zwingen, so zu malen, daß diese Begriffe stimmen. Da die Bilder der Kinder ihren inneren Bedürfnissen entsprechen, dürfte das eine Symptombehandlung werden, die formal auf dem Papier stattfindet, mit der Motivation des Kindes aber nichts zu tun hat. Das Kind will es eigentlich nicht so. Vielleicht kann es das zunächst auch noch nicht so. Von den ersten Bildzeichen wissen wir, daß sie dem Kind ein Höchstmaß an Konzentration abfordern, weil der Willle, bestimmte Bewegungen durchzuführen und die feinmotorische Fähigkeit dazu noch schwer in Einklang zu bringen sind. Das braucht viel Übung. Auch später kann einem Kind in der „Hitze des Gefechtes“ der Pinsel durchgehen. Das ist weiter nicht schlimm. Wo darf ein Kind sein Temperament wirklich ausleben? Wir sollten es nicht immer und überall zurechtstutzen und ihm Flügelklammern anlegen. Wie soll der Pegasus da fliegen? Im allgemeinen wird Ihr Kind mit zunehmendem Alter mehr und mehr versuchen, innerhalb seiner Zeichnung zu bleiben, wenn es malt. Ein wenig „action-painting“ kann allen Freude machen, wenn die äußeren Umstände stimmen. Hat Ihr Kind genügend große Papiere und Pinsel? Ist ausreichend Farbe da? Hat es die richtige Arbeitskleidung? Gibt es Unterlagen? Dann kann eigentlich nichts und niemand „schmutzig“ werden, nur farbig …

Die älteren Kinder sagen immer: „Die schmiert nur!“ Mein Kind ist dann immer sehr traurig.

Das ist wirklich eine mißliche Situation und gar nicht so leicht zu beheben. Kindern ist natürlich nicht klarzumachen, daß in der

Zeichung Ihres Kindes mindestens ebenso viel Qualität steckt wie in der der älteren Kinder und daß jedes Kind seinem Alter entsprechend zeichnet – und deshalb naturgemäß die Zeichnungen der größeren Kinder differenzierter sind. In der Familie kann man das ein wenig anschaulich machen, wenn die Zeichnungen gewissenhaft gesammelt und beschriftet werden. Dann lassen sich die Zeichnungen Ihres jüngeren Kindes, das gerade verspottet wird, und Ihres „großen Künstlers" aus der damaligen Zeit nebeneinanderlegen. Das ruft oft großes Erstaunen hervor und zeigt die Realität. Vielleicht hat das ältere Kind damals gar nicht so einfallsreich gezeichnet? Wenn das kleinere Kind so alt sein wird … usw. Helfen müssen Sie Ihrem Kind oder auch die Kindergärtnerin oder Erzieherin darum bitten.

Eine hervorragende Methode, die gegenseitige Sensibilität zu fördern, sind Gemeinschaftsarbeiten. Wenn ein großes Werk gemeinsam geplant und durchgeführt wird, wenn jedes Kind dazu seinen Beitrag leistet, dann kann man nur gemeinsam stolz sein. Da ist kein Platz für Stars.

Mein Kind holt sich oft die Farben und weiß dann nicht, was es malen soll!

Das passiert wirklich häufig. Ein Rekordanlauf, und kurz vor dem Absprung weiß das Kind nicht mehr, wohin es springen wollte. Es möchte malen, weil es die Erfahrung gemacht hat, daß das etwas Schönes ist, daß es ihm Spaß und Befriedigung bringt. Jetzt wird ein Thema gesucht. Eine für die Erwachsenen „gefährliche" Situation. Wenn Sie jetzt nicht aufpassen, werden Sie schnell zum Arbeitnehmer und müssen sich gegebenenfalls immer schöne Themen ausdenken. Dem Kind ist viel abgenommen. Es muß nur fragen. Unfair wäre aber auch zu sagen: „Denk Dir selber was aus." So verstreicht manche Gelegenheit für eine gute Unterhaltung. Ihr Kind möchte malen. Es hat mit Sicherheit sehr viele Ideen, nur ist heute keine so präsent, so vorne dran, daß gerade sie ins Bild gesetzt werden soll. Unsere Aufgabe ist also, als „Hebamme" tätig zu werden, einer Idee zum Durchbruch zu verhelfen. Hier können wir an gemeinsame Erlebnisse anknüpfen: „Gestern war doch der große Sturm. Da ist mit dem Baum unseres Nachbarn etwas passiert …" „Als wir letztes Mal im Zirkus waren, hast Du doch gesagt, das möchtest Du werden …"; „neulich, als wir an der Baustelle standen …", Zoo, Geburtstag, Theater, Ausflug …" usw.

Sie wissen sicher am besten, was Ihr Kind besonders nachhaltig beeindruckt hat. Diese Idee gilt es, ein wenig zu lüften. Sie werden sehen, wie schnell Ihr Kind aus dem Gespräch aussteigt und zu malen beginnt.

Mein Kind wollte eine Katze malen. Auf einmal wußte es nicht, wie sie „geht".

Gemeint ist natürlich hier nicht, wie sie sich fortbewegt, sondern wie sie zu zeichnen sei. Auch dies ist keine seltene Beobachtung. Es gibt weiße Flecken in der Erinnerung. Selbstverständlich weiß Ihr Kind, wie eine Katze aussieht. Nur im Augenblick nicht genau genug. (Außerdem ist es schön, sich mit Mama oder Papa so ernsthaft zu unterhalten!) Vorsicht! Keine suggestiven Beschreibungen. Auch keine übertriebenen pantomimischen Darbietungen (der Rücken – einmal lang, dann eingerollt, vor dem Sprung und so ähnlich ...). Ich würde ganz einfach fragen: „Wie viele Katzen gibt es denn in unserer Straße? Wie unterscheiden die sich denn? Farbe, Haare, Größe etc. Wo möchtest Du denn Deine Katze malen? Soll sie mehr aussehen wie die Missi oder wie der Hannibal?" Usw.
Auch hier wird Ihr Kind bald malen. Sie sind dann nicht mehr nötig. Durch die Unterhaltung haben Sie Ihr Kind so weit gebracht, selbst zu überlegen und zu planen.

Mein Kind ist manchmal so unglücklich, weil es die Zeichnung nicht so „hinbringt".

Das ist ein Verhalten, das häufig während oder zu Beginn der Vorpubertät beobachtet werden kann. Ihr Kind entdeckt sich mehr und mehr als Individuum in Distanz zu den anderen, zu Ihnen, zur Umwelt. Es beobachtet sich und alles andere kritisch, ja manchmal überkritisch. Es beobachtet Veränderungen an sich, in seinem Körper. Es denkt an die Zukunft. Was wird sein? Was werde ich sein? Wie werde ich sein? Sehnsucht, Hoffnung, Angst, Mutlosigkeit, Gefühlsüberschwang treten auf. Man träumt. „Ich wäre gern ..." Ideal, Idealisierung und Realität klaffen auseinander. Manches läßt sich vertuschen, kaschieren, durch entsprechendes Imponiergehabe verheimlichen. Was ist aber wirklich? Es ist eine schwere Zeit für Sie und vor allem für Ihr Kind, das bald keines mehr sein wird. Alle werden Geduld brauchen (und ein bißchen Erinnerungsvermögen, wie das eigentlich bei uns selbst war).
In den Zeichnungen sieht man das alles sehr gut. Sie werden realistisch. Es wird um perspektivische Richtigkeit gerungen, ja gekämpft. „Ich" ist das zentrale Thema. Ich vor einem gedachten oder echten Spiegel, Ich in tragenden Rollen als Schönheitskönigin, Tänzerin, Sängerin, Diva, Marlon Brando, Kung-Fu-Kämpfer etc. Oft ängstlich gezeichnet, zart im Strich, oft „knallhart". Nichts trägt mehr richtig, und ein sicheres Ufer zeigt sich auch noch nicht. Nicht bei allen Kinder verläuft der Übergang so dramatisch. Der Umbruch ist in jedem Fall aber unübersehbar.
Das „Nichthinbringen" heißt nichts anderes, als daß das Kind einfach noch nicht sicher

genug die eigenen Wunschvorstellungen und Beobachtungen, die insgesamt auch nicht genügend sicher sind, in der Zeichnung wiedergeben kann. Manche Kinder zeigen aber in kürzester Zeit eine improvisierende Fertigkeit, die eigenen Zu- und Umstände, sich selbst und die anderen, ihre Wirklichkeit und die in ihren Träumen wiederzugeben. Daß manches davon kitschig aussieht, ist eine typische und vielleicht sogar arrogante Erwachseneneinschätzung. Die Bildsprache ist nämlich identisch und von daher auch ehrlich.

Mein Kind sagte: „Ich kann nicht zeichnen!" Ich war ganz erschüttert.

Erschüttert sollten Sie nicht sein. Eine Veranlassung, nachzudenken, ist diese Bemerkung aber gewiß. Es können viele Gründe sein, die Ihr Kind dazu führen.
Ganz falsch wäre es sicherlich, jetzt mit pädagogischem Senf zu kommen: „Natürlich kannst Du zeichnen. Ich weiß es doch. Du hast doch schon so viele schöne Zeichnungen gemacht. Ich helfe Dir doch ..." Das hat ebensoviel Wirkung, wie wenn ich zu jemandem sage: „Setz Dich ganz entspannt und ruhig hin", wenn die oder der bis ins Tiefste beunruhigt und nervös ist. Die Bemerkung kann ein Hilferuf sein: „Bitte red' mit mir. Kümmere Dich um mich. Zeig mir, daß Du mich magst." Es kann aber auch erzwungene Zuwendung sein. „Immer, wenn ich das sage, kümmern sich die Leute um mich ..."
Möglicherweise hat Ihr Kind mit seinen Zeichnungen schlechte Erfahrungen gemacht. Jemand sagte etwas Dummes darüber, Ihr Kind wurde verspottet. Es spürt, es bewegt sich auf psychologisch gefährdetem Feld. Es ist besser, das Gebiet von vornherein zu meiden. Dann ist man sicher.
Vielleicht wiederholt Ihr Kind nur, was ihm die anderen sagen. In Gruppen oder wenn ältere Geschwister da sind, entstehen of Hackordnungen – vor allem, wenn die Erwachsenen nicht achtgeben.
Ihr Kind empfindet oder spielt vorsichtshalber seine Minderwertigkeit. Eine gefährliche Situation. Zwang oder Überredungskünste bringen hier nichts.
Ich würde „umsteigen", mit dem Kind bauen, kleben, collagieren, ganz andere Materialien ausprobieren. Sie müssen für Ihr Kind Erfolge organisieren. Es soll merken, was ihm alles einfällt und was es kann. Vom Zeichnen ist dabei gar nicht mehr die Rede. Wenn auch noch die anderen bemerken, was da für schöne Dinge entstehen, kann sich die Wertschätzung sehr verändern. Eines Tages wird Ihr Kind wieder zeichnen und gar nicht darüber nachdenken, ob es das kann oder nicht. Nachdenken müssen wir Erwachsenen. Merkt mein Kind eigentlich, wie ich mich darüber freue, wenn es zeichnet und malt? Spürt es, wie ernst ich die Ergebnisse nehme, sammle, aufhebe? Wie ich immer wieder neues Material bringe? Erlebt es auch

meine Geduld und Toleranz, wenn einmal ein Malbecher umfällt?

Es macht mich ganz neidisch: Die anderen Kinder zeichnen und malen so schön. Meines zeichnet fast nie.

Das kann schon ärgerlich sein, wenigstens auf den ersten Blick. Es gibt so viele verschiedene Ausdrucksebenen, Zeichnen und Malen ist nur eine davon. Die meisten Kinder benützen fast alle oder sogar alle, um sich mitzuteilen. Manche Kinder spezialisieren sich sehr früh. Damit scheiden andere Ebenen aus oder werden weniger benutzt. Uns fällt es natürlich besonders auf, wenn keine Zeichnungen entstehen. Nicht nur, daß dann ein sehr schönes Sammelgebiet brachliegt, wir können die Interessen und die Entwicklung unseres Kindes viel weniger mitverfolgen. Natürlich werden wir die Kinder anregen. Das muß aber sehr behutsam und feinfühlig vor sich gehen, damit ich den Widerstand meines Kindes nicht herausfordere. Manche Kinder sind gegen pädagogische Überredungskünste erstaunlich resistent (das ist nicht immer eine negative Charaktereigenschaft!). Am leichtesten geht es, wenn andere Kinder dabei sind. Da ist alles selbstverständlicher. Und wenn es nicht klappt? Man kann auch ein anständiger Mensch werden ohne Zeichnen und Malen ... (Weisheit eines alternden Kunstpädagogen). Mein Sohn hat für meinen Geschmack lange Zeit viel zu wenig gezeichnet und gemalt, während unsere Tochter Franziska „wie eine Wilde“ tätig ist. C'est la vie.

Es könnte natürlich auch sein, daß Ihr Kind mit seinen Zeichnungen schlechte Erfahrungen gemacht hat und das Feld meidet. In dem vorherigen Kapitel „Ich kann nicht zeichnen“ ist hierüber mehr gesagt.

Mein Kind zeichnet immer das gleiche. Ist das nicht beunruhigend?

Alle Kinder durchlaufen während der Entwicklung ihrer Bildsprache viele verschiedene Entwicklungsstufen. Manche werden übersprungen, andere findet man auf einem Blatt. Es ist keine gerade, gleichmäßige Straße, die *alle* Kinder benutzen und schon gar nicht in der gleichen Geschwindigkeit. Manchmal gibt es auch Rückwärtsbewegungen.

Ich hatte in meiner Werkstatt gearbeitet. Mein Sohn war dabei. Natürlich wollte er mit meinem Stemmeisen an meiner Stelle mit meinem Holz usw. Sie kennen das. Es

- M, 6. Isabel malte ein Jahr lang nur Häuser. Sind sie nicht sehr schön?
- 7. Das Kind malte eine Weile alle Bilder wieder zu.

ISABE
iSABE

gelang mir, ihn aufs Malen umzupolen. Er malte mich beim Arbeiten. Dann spielte er lange Zeit mit Holzabfällen, auffallend still. Als mir das auffiel, beobachtete ich ihn. Er hatte so merkwürdig rote Backen. Fieber. Inkubationszeit zu Ende. Er wollte aber unbedingt noch einmal malen. Also ein Kompromiß vor dem Hinlegen. Er malte noch einmal mich beim Arbeiten, jetzt aber, als wenn er zwei Jahre jünger wäre. Die Krankheit hatte auch sein Bewußtsein und Denken reduziert.

Die Entwicklung der Bildsprache verläuft nicht gleichmäßig, das kann nicht oft genug wiederholt werden. Es kann lange bergauf gehen, steil sogar, dann gibt es eine Pause, wie ein Verschnaufen. Das Erreichte wird geübt, erprobt, damit wird experimentiert. Für uns Antriebgewohnte scheint alles stillzustehen. Man spricht von einem Lernplateau. Jetzt kann es sein, daß Ihr Kind einen Gegenstand, ein Haus, ein Tier, sich, immer und immer wieder malt. Lassen Sie es ruhig. Haben Sie Geduld. Organisieren Sie aber auch neue Erlebnisse – im Zoo, auf dem Berg mit der Seilbahn oder was auch immer. Es kann leicht sein, daß das neue Erlebnis den Konsolidierungwillen überwindet.

Es kann aber auch sein, daß ein Kind ein Thema immer wieder zeichnet und malt, weil es damit Erfolg hatte (1. Preis im Wettbewerb etc.) und den wiederholen möchte. Möglicherweise ist es aber auch so sehr von einer Sache fasziniert, daß die Begeisterung Anlaß dazu ist, das Thema ständig zu wiederholen. In einzelnen Fällen mag auch die Angst, etwas Neues zu wagen, eine bestimmte Themenwahl fixieren. Hier wird es notwendig werden, neue Ufer anzusteuern, neue Materialien, neue Erfahrungen.

Es ist nicht unbedingt schlimm, wenn Ihr Kinder immer das gleiche zeichnet, aber eine pädagogisch-analytische Überlegung ist es allemal wert.

Was soll ich nur machen? Mein Kind malt immer alles wieder zu.

Manchmal kommen Kinder so sehr ins Malen, verlieren sich in der Lust, mit den Farbpigmenten umzugehen, daß es sie wie ein Rausch überkommt. Sie wühlen förmlich in den Farben, lassen sie kämpfen. Das kann auch über einem fertigen Blatt passieren. Dann ist das Bild natürlich weg, und mag es noch so schön gewesen sein. Für das Kind war das Erlebnis wichtiger. Diese nicht zu bremsende Farbkraft kann sehr eindrucksvoll sein.

Das ist aber mit der verzweifelten Frage der Mutter hier nicht gemeint. Es sieht so aus, als ob Kinder manchmal auch gegenüber eigenen Arbeiten destruktive Phasen entwickeln, eine Lust am Kaputtmachen. Wobei ihnen das unter Umständen dann doch weh tut. Da hilft nur Ablenken, etwas anderes machen, anderes Material, andere Werkzeuge, so daß die Neugier größer wird als die Zerstörungswut.

Manche Kinder wollen es aber auch wissen. Was passiert eigentlich, wenn ich die gelobte Zeichnung einfach zumale? Wie verhält sich die Mama, der Papa? Sind Sie da einzuschätzen? Funktioniert das Spiel? Legen sie gleich los, wollen das Blatt retten? Dann hat die Dressur ja schon geklappt. Sie sind domestiziert ... Schön wäre es, wenn wir dann sagen könnten: „Es ist ja Dein Blatt. Du kannst ja der Oma das übermalte Blatt zeigen, wenn Du willst. Es ist wirklich Deine Entscheidung." Und durchhalten – mit blutendem Herzen.

Ich will den Vorgang jetzt nicht bagatellisieren. Oft ist er auch eine Verzweiflungstat. Mein Kind ist und ist unzufrieden mit dem, was es gemalt hat. Es möchte Aufmerksamkeit, Zuneigung (Zu-neigung!), Zuwendung, Bestätigung. Also, wirklich überlegen, was Sie neben dem „in den Arm nehmen" noch tun können, um das Selbstvertrauen Ihres Kindes und das Vertrauen wieder aufzubauen.

Das gilt auch, wenn Ihr Kind das Bild immer wieder zerknüllt, zerreißt, immer wieder ein neues Blatt anfängt. Es ist nicht immer leicht, die richtige Wahl zu treffen zwischen Trost und einem klaren Wort: „Jetzt mal erst mal auf diesem Blatt weiter!"

Etwas ganz anderes ist es, wenn Ihr Kind die Zeichnung zusammenfaltet bis auf ganz kleines Format und zu einem Päckchen zusammenbaut oder sogar -klebt. Dann ist die Zeichnung zwar auch futsch. Das ganze ist aber eine Liebeserklärung, wenn Sie das Päckchen dann bekommen. Sie sollten sich freuen.

Mein Kind malt so gerne mit Schwarz. Ist das schlimm?

Es ist nicht schlimm! Wenn Ihr Kind irgendwelche tiefsitzenden Probleme hätte, wäre das an seinem sonstigen Benehmen und Verhalten schon aufgefallen. In diesem Fall könnte diese Vorliebe ein Symptom sein. Wie gesagt – könnte! Vorschnelle Urteile sind hier fast immer daneben.

Unsere Tochter ist jetzt acht Jahre alt. Sie malt mit leuchtenden Farben, selbstverständlich und ungehemmt. Dazwischen hat sie Zeiten, in denen sie Schwarz ganz besonders bevorzugt. „Papa, Schwarz ist doch *so* eine schöne Farbe. Ich mag sie so gerne. Die leuchtet so auf dem weißen Papier!" Damit hat sie das Problem klar besprochen.

Unabhängig davon konnte ich immer wieder beobachten, daß manche Kinder mehr graphisch, d.h. von der Zeichnung her dachten, die anderen ganz von den Farben ausgingen. Ich weiß nicht, ob das Grundveranlagungen sind. Das Phänomen ist nicht zu leugnen. Es ist auch kunstgeschichtlich Interessierten nicht unbekannt. Die Venezianer waren die Maler, die Florentiner kolorierten lieber klare Zeichnungen. Das ist sicher etwas salopp gesagt. Jedes einschlägige Museum führt es aber vor Augen.

Also: Bitte einfach geduldig beobachten,

wenn Ihr Kind wieder zu saftig in den schwarzen Farbtopf greift. Und in der Entwicklung der Bildsprache der Kinder ist heute nicht morgen. Nichts ist endgültig.

Es tut mir oft selber weh, wenn ich auf die Hand meines Kindes schaue. Sie ist so verkrampft.

Schon von Berufs wegen schaue ich vielen Erwachsenen auf die Finger. Ich leide fast körperlich mit, wenn ich sehe, wie die Gelenke gelbgrün sind vom Zusammendrücken des Schreibgerätes. Ich spüre die verkrampften Muskeln bis zum Ellenbogen. Das alles ist sehr schmerzhaft und kostet unnütz Energie. Von Zeit zu Zeit müssen die Finger „ausgeschüttelt" werden, um Hand und Unterarm zu entkrampfen. Es ist einfach eine schlechte Angewohnheit, die allerdings meist in der Kindheit, oft schon kurz nach dem Schuleintritt grundgelegt wurde. Es gehört zu den schönsten Beobachtungsaufgaben, kleinen Kindern auf die Hände zu schauen. Was die alles können: greifen, fassen, packen, tasten, streicheln, festhalten, formen, drücken, ziehen, schlagen, geben, nehmen usw. Eigentlich kann das Kind mit seiner kleinen Hand das tun, was es will.
Das ändert sich oft schnell mit dem Schreibenlernen. Jetzt muß ein bestimmtes Zeichen in einer bestimmten Größe und Richtung auf eine bestimmte Zeile geschrieben werden. Alles ist festgelegt. Das führt schnell zu den besagten Verkrampfungen. Die Lehrkräfte haben bei den großen Klassen im allgemeinen einfach nicht die Zeit, dem einzelnen Kind das Gefühl zu vermitteln, der Stift sei einfach der verlängerte Zeigefinger, er wird zwischen Daumen und Zeigefinger gehalten wie in einem Entenschnabel und nur so fest gedrückt, daß er nicht wegrutscht. Da sind Sie gefragt. Es gibt so lustige graphische Spiele zur Entkrampfung. Sie stempeln mit Ihrem Kind auf ein großes Blatt Papier mit Korken Punkte. Jetzt spielen Sie mit dem Stift: „Ich springe von Stein zu Stein; ich überspringe einen Stein; ich lege Bretter von Stein zu Stein; ich verbinde einen Punkt durch Linien mit möglichst vielen anderen; ich fahre Slalom; ich fahre um jeden Punkt herum; ich baue Hexentreppen; ich

Die Hand.

- M, 1,9. Kinder probieren anfänglich viele Handhaltungen aus, bis sie die „richtige" entdecken. Auch das sind Erfahrungen.
- J, 6. Egid hat links und rechts gezeichnet. Oft zeichnen Kinder links. Gottlob sind die Zeiten vorbei, zu denen Kinder mit Zwang „umgestellt" wurden.
- Grafische Spiele, mit einer Hand, mit beiden Händen, zu zweit, mit und ohne Musik.

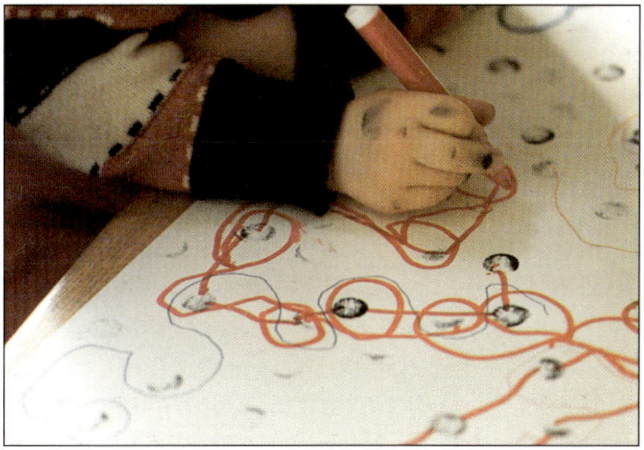

hänge Girlanden auf" usw. Oder Sie und Ihr Kind tanzen mit dem Stift nach Musik. Komplizierter, aber noch entkrampfender ist der Tanz mit zwei Stiften, in jeder Hand einer, oder aber zu zweit mit einem Stift. Die Musik muß nur rhythmisch eindeutig sein.
Die Arbeit mit weichen Materialien, Kleister und Papier, Plastillin und Ton bewirken in diesem Zusammenhang auch Wunder.

Mein Kind verbringt sehr viel Zeit vor dem Fernseher. Wenn ich versuche, es wegzubringen, wird es aggressiv. Ist das schädlich?

Gut ist das sicher nicht. Manche Kinder sind süchtig, schlingen die Glotzenkost in sich hinein, ohne zu ahnen, wie sehr sie sich dabei den Magen verderben können. Das Fernsehen liefert Inhalte, die zum allergrößten Teil nicht kindgemäß sind, und es vermittelt eine künstliche Form von Wirklichkeit. Diese künstliche Wirklichkeit ist so einprägsam, daß manchmal die Wahrnehmung der real erlebbaren Wirklichkeit eingeschränkt wird. Es wird nurmehr wahrgenommen, was die projizierte Wirklichkeit bestätigt. Das bedeutet eine höchst gefährliche Entfremdung und einen wirklichen Identitätsverlust. Die Wirklichkeit wird von den Medien erzeugt, von allen gleich verkonsumiert. Das heißt, allmählich haben alle die gleiche Wirklichkeit. Ein Verlust ohnegleichen. Dazu kommt, daß die Inhalte die Phantasie aufheizen und psychisch sehr belastend werden können. Die Kinder sitzen vor dem Fernseher, vor Aufregung mit einem sehr hohen Adrenalinspiegel, der nicht abgebaut wird, da die Bewegung fehlt. Die eigene Phantasie gerät ins Defizit. In den Träumen tauchen dann die unverdauten Brocken wieder auf. Oder in aggressivem Verhalten bis zur Gewalt.
Nun kann man mir nicht besonders imponieren, wenn man sagt: „Fernsehen gibt es bei uns nicht. Wir haben es abgeschafft." Wie soll man dann lernen, mit dem Aus-Knopf umzugehen? Gelegentliches Fernsehen – der richtigen Sendungen – kann anregend sein, nur sollten Sie dabeisitzen, damit Sie über die Inhalte auch reden können.
Machen Sie Ihr Kind nicht durch Verbot süchtig. Die Sendungen werden dann bei Freundinnen und Freunden, Nachbarn oder bei den Großeltern „gefressen".

8 Deuten, Sammeln, Situationen

1. Deutung
2. Kinderzeichnungen von Künstlern
3. Behinderte
4. Sammlung
5. Schuleintritt

Kann man Kinderzeichnungen deuten?

Das ist ein heikles Kapitel. *Man* kann es eigentlich nicht. Es setzt außerordentlich viel Erfahrung voraus, wissenschaftliche Vorkenntnisse und Spezialwissen.

Joseph H. Di Leo schreibt in seinem sehr profunden Buch „Die Deutung von Kinderzeichnungen“: „Ich bin davon überzeugt, daß jede Zeichnung die Persönlichkeit desjenigen widerspiegelt, der sie gemacht hat; daß sie affektive ebenso wie kognitive Aspekte der Persönlichkeit ausdrückt; daß sie im Falle von Kleinkindern mehr über den Künstler als über den dargestellten Gegenstand sagt; daß der Ansatz des Untersuchenden notwendigerweise sowohl intuitiv als auch analytisch sein muß.“ Jedes Bild hat vielerlei Schichten. Fast notwendigerweise projiziert der nicht entsprechend Vorgebildete eigene Befindlichkeiten, eigene Vorurteile, eigene Erwartungen in das Bild und findet Bestätigungen von einer dieser Ebenen, wo sie eben passen.

Kein ernstzunehmender Analytiker wird Urteile nur auf Grund der Zeichnungen abgeben. Er braucht genaues Wissen über das Kind, er muß es kennen, und selbst dann wird er oder sie die Zeichnung nur innerhalb von Testbatterien einsetzen. Sie wird vorherige Beobachtungen bestätigen oder in Frage stellen, die auf einem anderen Feld gemacht wurden. Von D.W. Winnicot weiß man, wie er über Zeichnungen erst langsam ein Vertrauensverhältnis zu den Kindern aufbaute. Wenn man das Buch des Psychoanalytikers Daniel Wildlöcher „Was eine Kinderzeichnung verrät“ liest, wird man eine Fülle von Deutungsansätzen und die Beschreibung von Tests finden, zugleich aber lernen, wie vorsichtig man mit diesem Gebiet umgehen sollte und wie schwer es ist, zuverlässige Aussagen zu machen.

Ich meine, Sie haben zunächst schon den Vorteil, daß Sie Ihr Kind sehr gut kennen und täglich erleben, sehen, wenn es lustig, traurig, nachdenklich oder verschlossen ist. Sie erleben seine Ängste, seine Konflikte, seine Wünsche und Träume hautnah mit. Und nun haben Sie auch noch die Zeichnung. Sie halten ein Dokument über das Selbst- und Weltverhältnis Ihres Kindes in Händen. Sie können sich mit Ihrem Kind über das Ergebnis freuen oder nachdenken, wenn es zunächst rätselhaft ist. Wenn Sie die Zeichnungen Ihres Kindes sehr gewissenhaft lesen, liegt seine Psyche offen vor Ihnen. Sie erfahren von seinen Interessen, seinen Wertschätzungen, seinen Aggressionen. Die Welt Ihres Kindes wird zur Landkarte, in der man sich zurechtfinden kann.

Unsere Familie in Tieren (F.I.T.)
Die beiden Blätter stammen von 10jährigen Kindern.

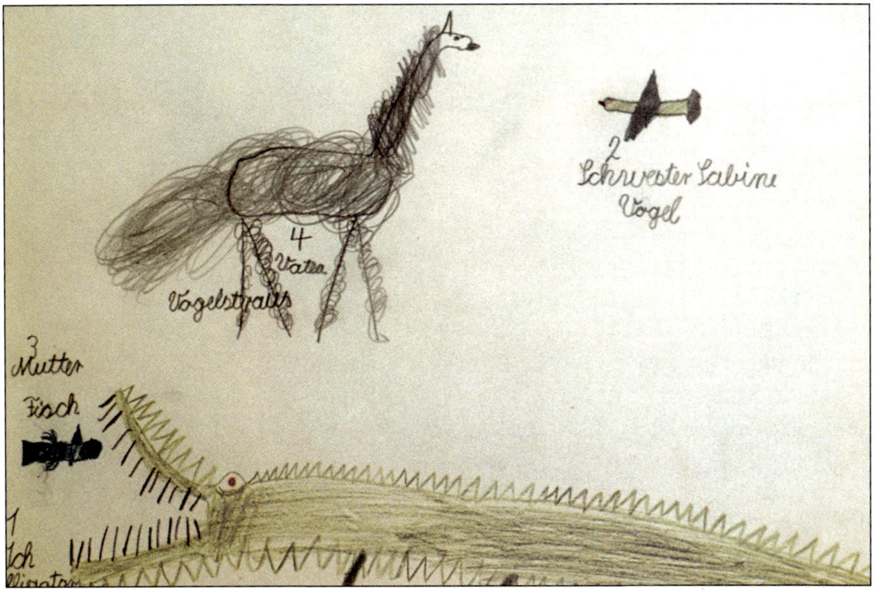
4
Vater
Vogelstrauss
2
Schwester Sabine
Vogel
3
Mutter
Fisch
1
Ich

2
Mutti
Vogel
3
Vati
Elefant
4
ich
Elefant
1
Bruder
Schnecke

Es ist nicht nötig, als Laie tiefenpsychologische oder psychoanalytische Studien zu betreiben. Warum auch. Ihr Kind ist ja nicht krank. Und sollte es so sein, werden Sie sicher zu einem Spezialisten gehen und ihm auch die Zeichnungen mitbringen. Seien Sie glücklich über die Phantasie, den Einfallsreichtum, die Sensibilität, die Spontaneität, die Erzähl- und Formulierfreude Ihres Kindes. Sollten Sie sich darüber hinaus interessieren, sei auf die einschlägige Literatur verwiesen.
Um einen Überblick zu geben, werden im folgenden einige Tests kurz angesprochen. Um damit zu arbeiten, reichen die Informationen sicher nicht aus.

Draw-a-man-Test von Goodenough, 1926
Die Anweisung an das Kind lautet: „Zeichne einen Menschen, so gut Du kannst.“ Dabei geht es um eine möglichst detailreiche, richtige, u.U. sogar realistische Darstellung des Menschen. Nach einer Skala von 52 Rubriken wird die Zeichnung analysiert, z.B.: Kopf vorhanden; Beine vorhanden – die beiden von vorn oder ein Bein im Profil. – Arme vorhanden. Die Finger alleine genügen nicht, außer in dem Fall, daß zwischen ihnen und dem Körper Platz gelassen ist. Nase vorhanden, Mund vorhanden; Nase und Mund nur durch zwei Striche dargestellt; die beiden Lippen angedeutet; Nasenlöcher vorhanden usw. (zitiert nach Wildlöcher). Nach einem altersstufendifferenzierten Punktsystem ergibt sich ein Wert, aus dem man den IQ (Intelligenz-Quotienten) ersehen kann. Einfachere Skalen gibt es von *Wintsch* und *Fay.*
Der Test ist nicht unproblematisch, wenn man berücksichtigt, wie stark hier für das zeichnende Kind die Stimmung, der Leistungsdruck, die fremde Umgebung ausschlaggebend sind. Objektiv dürfte das Ergebnis kaum sein. Unter anderen Motivationsvoraussetzungen wird das Kind anders und vielleicht vollständiger zeichnen. Das sollte man bei der Einschätzung von Schulreifetests berücksichtigen, von denen einige auf Goodenough aufbauen.

Der Baumtest von Karl Koch
Kinder sind leicht anzuregen, einen Baum zu zeichnen, der zudem meist individueller gesehen wird als das Männchen, das oft stark in Schemata verhaftet ist. Dabei eignet sich die Zeichnung des Baumes gut für anthropomorphe Assimilationen. Der Stamm, die

„Testsonnen“.

- M, 6. Eine fröhliche Sonne mit orangener Wolke.
- M, 5. Svjetlana liebt ihre Straße mit den bunten Häusern. Beim Zeichnen und Drehen gab es mehrmals oben und unten und auf einmal zwei Sonnen.

Wurzeln, der Boden, die Äste und Blätter spielen eine symbolische Rolle.

Koch deutet die Blätter einerseits nach graphologischen Kriterien, andererseits nach der Position des Stammes, Form und Bewegung der Äste und Zweige und ihre Anordnung auf den Bildhälften bzw. in bestimmten Bildregionen. Die Deutungsmethode ist nicht so überzeugend, daß damit die Gefahr der eigenen Projektion gebannt wäre.

„Familie in Tieren" (FIT)
von Luitgard Brem-Gräser

Das Kind wird dabei aufgefordert, die Mitglieder seiner Familie als Tiere zu zeichnen. Die Autorin geht davon aus, daß in allen alten Mythen Tiere mit bestimmten Eigenschaften belegt sind. Sie können positiv oder negativ sein.

Ein Beispiel: Die Schlange. Sie repräsentiert ganz allgemein das Lebendige im Sinne des Bewahrenden wie auch des Verderblichen, bald heilbringend, bald Unglück verheißend, bald Dunkel, bald Licht, bald teuflisch-böse, bald göttlich gut, bald männlich, bald triebhaft, bald heilig, bald schlüpfrig, bald erhöhend.

positiv: geschmeidig, klug, schnell, gewandt, flink

negativ: tückisch, verführerisch, böse, falsch, listig, täuschend, boshaft, schadenfroh, mißgünstig, feindselig, neidisch, eitel, giftspeiend, gefährlich, glitschig, bissig

In der Zeichnung taucht nun – so die Annahme der Autorin – über das Unterbewußte eine Seite dieser Bedeutung auf. Zusammen mit Kriterien des Graphologen Klages und Überlegungen zur Platzverteilung – wer befindet sich wo und neben wem – und zu den Größenverhältnissen ergibt sich ein Bild der Familienstruktur.

„Die Sonne in der Kinderzeichnung"
von Andreas Iten

Iten löst das Sonnensymbol, -gesicht, -bild aus der Kinderzeichnung heraus, analysiert es separat, innerhalb der Raumposition und nach auffälligen Merkmalen. Daraus entwickelt er Hypothesen über zwischenmenschliche Beziehungen, Entwicklungsverlauf, psychische Position.

Iten hat, ausgehend von diesen Erfahrungen, auch einen Familientest, „Die Sonnenfamilie", entwickelt.

Die Tests werden oft angegriffen, da die Isolierung des Sonnensymbols die sicher sehr

„Testbäume".

Kinder zeichnen Bäume ebenso individuell wie Menschen.

- Ca. 8.
- Ca. 6.
- Ca. 5.
- Ca. 10.

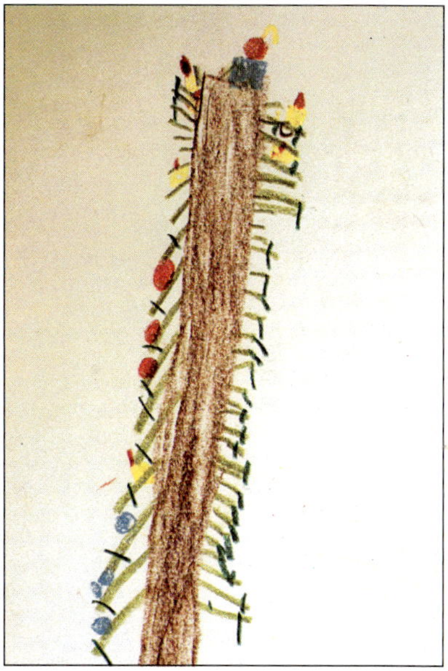

wichtigen Details andere Zusammenhänge innerhalb der Zeichnung viel zu wenig beachtet.

Sehr überzeugt hat mich das Buch von Di Leo, das oben erwähnt wurde („Die Deutung von Kinderzeichnungen"). Er nähert sich – mit vielen Beispielen – behutsam unter verschiedenen Aspekten an das Thema an, spricht über formale und stilistische Eigenschaften, behandelt die Rolle von Kognition und Affekt. Grundsätzliche Überlegungen stellt er an über die projektive Bedeutung der Kinderkunst, zeigt, daß das Ganze mehr ist als die Teile, bespricht aber doch auch Einzelaspekte wie Körperteile, Geschlechtsunterschiede usw. Ein eigenes Kapitel widmet er der Zeichnung zurückgebliebener oder emotional gestörter Kinder.

Er betont, daß bei jeder Analyse auch immer der Bezug zur entwicklungsspezifischen Phase mit berücksichtigt werden muß. Sympathisch und wichtig sind auch die Überlegungen, die er *Fallstricke* nennt.

Das Buch bietet eine sehr gute Einführung in die Problematik, ist aber so angelegt, daß niemand rezepthaft Inhalte und Deutungen übertragen könnte. Die Aufgabe stellt sich mit jedem Kind und seinen Bildern neu.

Ich selbst bin trotz langer Praxis sehr vorsichtig und zurückhaltend im Deuten. Ohne Kenntnis des Kindes, der Vorgeschichte, der Umstände des Entstehens der Arbeiten weigere ich mich strikt, Aussagen zu machen. Umso intensiver bemühe ich mich um ein differenziertes Lesen. Es wäre schön, wenn auch Sie, liebe Mütter und Väter, sich dem anschließen könnten.

Sehen Kinderzeichnungen von Künstlern anders aus?

Vor einigen Jahren war in München eine Ausstellung mit frühen Zeichnungen von Paul Klee zu sehen. Paul Klee hatte selbst seine Kinderzeichnungen katalogisiert, so daß die Arbeiten des 4jährigen im Gesamtkatalog mitverzeichnet waren. Aus gutem Grunde. Es waren eindeutig Zeichnungen des Paul Klee. Verblüffend war aber doch, wie nahtlos die Entwicklung und wie folgerichtig die Art, wie hier der Stift verwendet wurde, zu verfolgen war. Ich habe mich mit Studentinnen und Studenten der Kunstakademie in München immer wieder mit Kinderzeichnungen von Künstlern beschäftigt. Sie sehen nicht anders aus. Es sind sensible, intensive, originelle Blätter. Auffallend ist oft die bohrende Neugier, das Wissenwollen, Ergründen, die Experimentierbesessenheit. Alles will erprobt werden. Manchmal werden auch Wege eingeschlagen, die dem orthodoxen Kunstpädagogen Magenschmerzen bereiten. Es wird gestempelt, durchgepaust, abgezeichnet usw. Nie lange, aber es wird jede Möglichkeit untersucht. Mich hat die Beschäftigung mit diesem Gebiet toleranter gemacht. Nicht der Augenblick zählt, sondern der Weg. Das heutige Blatt ist eines

in der Serie, die viele Vorläufer hat und hoffentlich unzählige Nachfolger. Es geht immer weiter. Abwarten!
Ein besonderes Erlebnis war der Besuch im Museum „Kinderzeichnungen von Künstlern“ in Halle/Westfalen. Es sind ganz neue Sehweisen, Blickwinkel, die sich da auftun, und manches Blatt der großen Künstler unseres Jahrhunderts wirkt noch einmal anders, wenn das Kind über den Blattrand blickt.
Daß sich Künstler für Kinderzeichnungen interessieren, ist sehr verständlich. Die Stilmittel der kindlichen Bildsprache öffnen den Weg zum Wesentlichen. Man kommt näher heran. Es hat mich tief beeindruckt, als ich die Sammlung von Kinderzeichnungen im Archiv der Lenbachgalerie in München ansehen durfte, die Wassily Kandinsky und Gabriele Münter zusammengetragen haben. Es sind Blätter deutscher und russischer Kinder von unglaublicher Dichte und Schönheit. Manche Bildäußerung der beiden Künstler wird vor diesem Hintergrund noch einleuchtender.
Picassos Äußerung über die Kinderzeichnungen ist bekannt: „Früher zeichnete ich wie Raffael, aber ich brauchte mein ganzes Leben, um zeichnen zu lernen wie ein Kind.“ Joan Miró, Duchamp und viele andere Künstler wären ohne ihre und unsere Beschäftigung mit der Kinderzeichnung nicht so leicht zu verstehen.
Beginn der Bildsprache – Quelle der Moderne.

Zeichnen und Malen mit Behinderten?

Die Antwort auf diese Frage würde ein eigenes Buch ergeben. Jede Behinderung bedarf spezieller Überlegungen, und innerhalb der jeweiligen Behinderung wird man sich auf jedes Kind einstellen müssen. In der Literatur gibt es dazu gute Erfahrungsberichte und grundsätzliche Überlegungen.
Wer einmal erlebt hat, mit welchem Stolz und sichtlichem Vergnügen behinderte Kinder ihre Produkte zeigen, wie wohl sie sich fühlen, wenn sie künstlerisch tätig sind, der weiß, wie wichtig dieser Bereich für diese Kinder ist. Endlich haben sie, die überall so schnell an Grenzen stoßen, Erfolge, werden ernstgenommen und gelobt. Wir haben in unserem Hause ein kleines Kinderatelier, das meine Frau Marielle leitet, in dem integrativ gearbeitet wird. Gesunde Kinder arbeiten zusammen mit Behinderten. Ich freue mich jedesmal mit den Kindern und staune, wie vorsichtig, aber auch wie selbstbewußt sie mit ihren Arbeitsergebnissen weggehen.
„... wenn sie künstlerisch tätig sind.“ So hieß es vor ein paar Zeilen. Geht denn das überhaupt?
Ich meine, das ist eine Frage der Erwachsenen und hängt davon ab wie sie die Kinder einschätzen.
Ich war vor Jahren in einer kleinen Jury tätig, die unter vielen tausend Arbeiten geistig behinderter Kinder und Jugendlicher auswählte und eine große Ausstellung für das Bayerische Nationalmuseum in München

(zusammen mit der Bundesvereinigung Lebenshilfe für geistig Behinderte) vorbereitete. Aufgrund der eingesandten Klassenarbeiten konnte sehr genau gesagt werden, was die jeweiligen Lehrkräfte von ihren Schülerinnen und Schülern hielten. Reihenweise waren das Arbeiten mit immer den gleichen Stempelmustern und bildnerischen Reihungen. Stupid, lustlos. Reine Beschäftigung. Daneben so viele Zeichnungen und Malereien von einer geradezu unglaublichen Dichte und Expressivität. Wir waren sprachlos und sehr beeindruckt. Offensichtlich gelang es diesen Lehrkräften mit einer seismographischen Sicherheit, in jedem Kind den Punkt zu erreichen, der die Bilder zum Fließen brachte. Es waren wahrlich Fluten von phantastischer Schönheit, Ausdauer und Ausdrucksstärke. Sie sprachen uns direkt an. Wir nannten die Ausstellung deshalb auch: „Wir haben Euch etwas zu sagen". Mir wurde dabei klar, daß hier 16jährige, die ein Ausdrucksvermögen von 4jährigen hatten, immerhin über 12 Jahre Lebenserfahrung als „4jährige" verfügten. Deshalb diese Dichte.
Silvia Görres schreibt in dem Katalog zur Ausstellung: „Ich kenne keinen anderen Bereich, in dem Menschen, die man an ihrem Defizit erkennt und danach benennt, vielen sogenannten Normalen so sichtbar ebenbürtig, in mancher Hinsicht überlegen sind wie in ihren bunten Bildern. Das ist aber nicht nur für die Behinderten selbst von großer Bedeutung, sondern auch für ihre Eltern, die immer wieder unausweichlich an die durch die Behinderung gegebenen Grenzen stoßen, sich daran wundreiben, manchmal versuchen, sie zu verleugnen oder dagegen zu revoltieren. In den künstlerischen Zeugnissen ihres Kindes entdecken sie seine eigene unverwechselbare „Handschrift", den seelischen Reichtum und das gestalterische Können, von denen sie meist vorher wenig wußten, die ihnen eine neue Seite ihres Kindes zeigen."
Die Bilder können auch Trost, aufbauende Hilfe und Ermutigung für die Mutter und den Vater bedeuten. Sie sind zudem ein wenig „Barometer". Ich konnte ein paar Wochen lang täglich einen jungen Mann mit geistiger Behinderung beobachten, der immer nur farbige Punkte malte, Blatt für Blatt. Nach kurzer Zeit fiel mir auf, wie bedachtsam er Tag für Tag genaustens bestimmte Farben für den Untergrund und für die Tupfen wählte. Es gelang ihm mit faszinierender Feinfühligkeit, seine Seelenlage, seine Stimmung sichtbar zu machen.
Ich war ihm neidig!

Zeichnungen von Behinderten.

Hans Peter malte täglich seine Stimmung in dieser Form. Sorgfältig wählte er die Farbe des Untergrundes und der vielen Punkte.

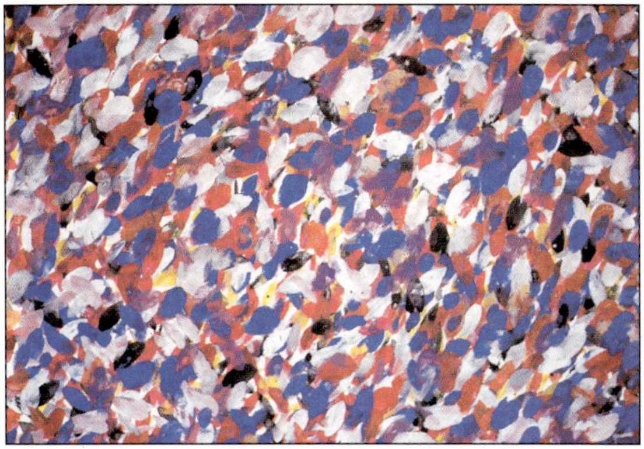

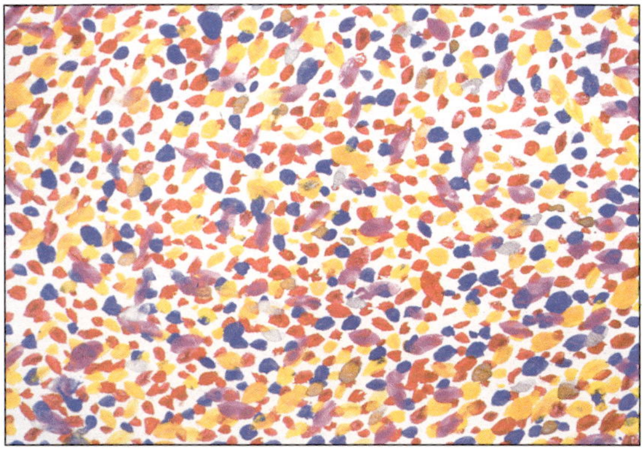

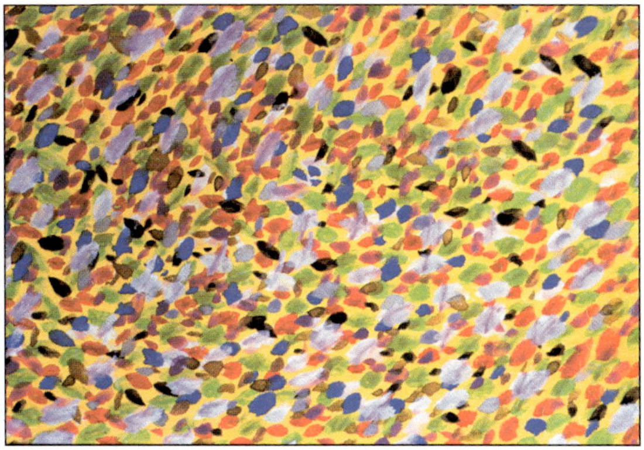

Wie soll ich die Zeichnungen meines Kindes aufheben?

Kindergartenkinder berichten immer wieder voller Enttäuschung, daß sie eine so schöne Malerei nach Hause brachten, „und Mama hat's einfach zusammengeknüllt und weggeworfen". Das ist wirklich eine Verletzung. Man muß sich in das Kind hineindenken: Es hat sich geplagt, die anderen Kinder und die Erzieherin haben es gelobt, voll Stolz möchte es der Mama das Ergebnis vorführen und dann dieses Erlebnis. Das Kind wurde gedemütigt und eigentlich in eine schwierige Rolle gebracht. Die Freude und Begeisterung des Malens ist jetzt seine Sache und nicht die der Mutter. Es muß sein Verhalten sortieren und klug überlegen, wann und wo es was machen kann.

Andererseits können einen viel produzierende Kinder schon in Verlegenheit bringen. Von Zeit zu Zeit wird man die Bestände etwas dezimieren müssen, wenn man nicht sehr großzügig wohnt. Das sollte man gewissenhaft und ohne Kinder machen. Dabei spielen Inhalt, Dichte und Sensibilität der Blätter, Einfallsreichtum, Phantasie, Konsequenz eine Rolle. Sie werden sehen, sobald sie beginnen, sich auf die Blätter einzulassen, sind Sie Ihrem Kind so nahe, daß Sie manche Trennung von den Bildern verschieben werden.

Ihr Kind sollte eine große Mappe für die Sammlung haben. Ich verrate Ihnen sicher kein großes Geheimnis, wenn ich sage, daß es außer DIN A 4 (Format von Schreibmaschinenpapier) noch ganz andere Formate gibt. Die Bilder müssen auch nicht gelocht werden, damit sie in den Leitzordner passen. Ich empfinde das als Mißachtung und brutal. Die Mappe sollte wesentlich größer sein. In Elektrogeschäften kann man sich die Verpackung eines Kühlschrankes erbitten. Das sind sehr große Schachteln. Die Deckelteile und die des Bodens werden abgeschnitten. Nun kann man die zwei diagonal gegenüberliegenden Längskanten mit einem scharfen Messer durchtrennen, und schon haben Sie zweie große Mappen. Sie können auf oder hinter einem Schrank oder unter dem Bett aufbewahrt werden.

Verlassen Sie sich nicht auf Ihr Gedächtnis. Jede und jeder kann unschwer überprüfen, wie schnell man vergißt und wie sehr man nachträglich Zusammenhänge verändert.

Es sind ja interessierte Mütter und Väter, die in die Zeichnungen Einzelheiten schreiben, zur Erläuterung und Erinnerung. Mich macht das immer sehr traurig. Die Blätter sind zerstört. Nie mehr werden sie so sein, wie Ihr Kind meinte. Also, bitte, hinten beschriften. Name und Alter, z.B. Franzi 8,6 (8 Jahre, 6 Monate). Das Datum kann man dazu setzen. Es ist nicht so wichtig wie die Altersangabe. Wer nur das Datum aufschreibt, wird später etwas zu rechnen haben: 9.3.89, wie alt war die Franzi denn damals …

Wenn das Kind etwas zum Blatt erzählte oder sonst etwas Besonderes Anlaß war oder sich ereignete, wären Stichworte sehr hilfreich.

Wer einzelne Objekte auf dem Blatt genauer beschriften möchte, sollte das Bild mit der Zeichnung nach außen an das Fenster legen. Das Bild wird durchscheinen. So läßt es sich im Detail beschriften. Beim Anschauen muß man nur das Blatt wenden.
An anderer Stelle wurde schon erwähnt, daß eine Aufnahme der Erzählung des Kindes mit dem Kassettenrekorder und die Zeichnung zusammen ein wunderbares Dokument sind. Schön wäre es, wenn Sie eine Pinwand hätten. Wenn irgendwo Platz ist, kann man eine Dämmplatte (Weichfaserplatte) anbringen (zur Not geht auch eine Latte, auf die viele Wäscheklammern geleimt sind und die man an die Wand dübelt). Ihr Kind sollte mit Selbstverständlichkeit seine neuesten Werke anstecken können. Es sieht selbst das Ergebnis besser, und die „anderen" können besser darauf eingehen.
Ganz besonders schöne Bilder möchten Sie gerne einrahmen, das ist verständlich. Goldrahmen und ähnlich wertvolle Gebilde sollten Sie bitte nur im Büro verwenden. Sie legen Ihr Kind sonst auf diesen Erfolg fest. Es kann zur Blockade führen. Ein Wechselrahmen wäre ein guter Kompromiß. Von Zeit zu Zeit, vielleicht sogar auf Wunsch Ihres Kindes, werden die Bilder dann ausgetauscht.

Mein Kind hat so phantasievoll gemalt. Als es in die Schule kam, war alles vorbei.

Diese Beobachtung ist leider nicht selten. Man kann sie aber nicht verallgemeinern. Es gibt so viele kreative Lehrerinnen und Lehrer, die mit großer Sensibilität den Rahmen schaffen, in dem die Phantasie unserer Kinder daheim sein kann und in dem jedes Kind ein kostbares Einzelwesen ist, das unterstützt und gefördert werden muß. Leicht ist das für diese Kollegin oder den Kollegen oft nicht. Sie haben große Klassen vor sich, Kinder mit oft unterschiedlichen Ausgangspositionen, einen vorgegebenen Leistungsdruck. Die Kulturtechniken müssen vermittelt und gelernt werden. Rivalisierende Kolleginnen und Kollegen, die drohenden weiterführenden Schulen und nicht zuletzt oft zu ehrgeizige Eltern stecken ein Feld ab, in dem man viel Kraft braucht, um mitreißende Fröhlichkeit, anregende Geduld und in dem engen Zeitkorsett auch noch genügend Möglichkeiten zu bewahren, sich dem einzelnen Kind zuzuwenden. Wie gesagt, es gibt sie dennoch. Sie sollten von Eltern in jeder Hinsicht unterstützt und positiv verstärkt werden.
Es gibt aber, das ist leider auch nicht zu leugnen, auch andere. Dabei zeigen sich pädagogische Grundauffassungen. Glaube ich daran, daß das Kind genügend eigene Einfälle, Lebenserfahrungen, Überlegungen und Vorstellungen mitbringt, bei deren Formulie-

rung ich es unterstütze, ihm technische Anregungen gebe, es aber es selbst sein lasse? Oder bin ich der Auffassung, daß man Zeichnen und Malen lernen muß „wie das Schuhe binden" (wörtliches Zitat!)? Da ist natürlich wenig Platz für Poesie, für Träume und Wünsche, auch für Konfliktformulierungen oder soziale Auseinandersetzungen. Das Ergebnis auf dem Blatt ist detailliert geplant, und die Kinder werden zu Statisten meiner Vorstellungen.

Daß Kinder, die gewohnt waren, frei und frisch von der Leber weg zu zeichnen und zu malen, hier bald die Lust verlieren und sogar vergessen, wieviel Spaß ihnen das früher gemacht hat, an dieser Situation innerhalb der Klasse wird man mit Gewalt und Aggression nichts ändern können. Es hat ja Gründe, warum die Lehrerin oder der Lehrer – und es sind oft gewissenhafte – so handeln. Das bedarf behutsamer Gespräche.

Mir sind allerdings Mütter und Väter schon immer verdächtig gewesen, die nur auf den Kindergarten oder die Schule deuten und alles von dort erwarten. In aller Regel, verbringt Ihr Kind ca. vier Fünftel der Zeit innerhalb einer Woche in der Familie. Wenn Sie auf unserem Gebiet Mankos in der Schule feststellen, ist eine klare Aufgabenstellung für die Familie formuliert, sofern Sie das Zeichnen und Malen Ihres Kindes wirklich ernstnehmen. Ich bin der Meinung, daß die Förderung der Phantasie unserer Kinder heute weitgehend außerhalb der Schule stattfinden und unterstützt werden muß. Eine doch einseitig mehr auf Kenntniserwerb ausgerichtete Schule in der heutigen Form hat dazu einfach zu wenig Möglichkeiten, Zeit und Raum. Das heißt nicht, daß sich dieses Erziehungssystem nicht ändern muß. Noch ist es aber anders, und wir haben unsere Kinder jetzt!

Das ist eine ernste Antwort geworden. Sie sollte auch ernst genommen werden.

9 Begabung und Jugendkunstschulen

1. Begabung

2. Kunstschule

3. Schule der Phantasie

4. Kinderakademien

Mein Kind ist so begabt! – Ist mein Kind begabt?

Immer wieder kommen (meist) Mütter mit ihrem Kind zu mir in die Sprechstunde an der Kunstakademie: „Mein Kind ist doch so begabt! Was kann ich tun, um das Talent zu fördern? Gibt es hier Privatstunden?" usw. Mich stimmt das traurig. Vor mir sitzt ein verlegenes Mädchen oder ein Bub, oft verschüchtert, während die Mutter spricht.

Was heißt denn hier Begabung? Fast immer sehe ich dann Bilder der Kinder mit (zugegeben) Fertigkeiten im realistischen Wiedergeben von Themen, mit fluchtpunktperspektivischen Ansätzen. Die Erwachsenenwelt ist verblüfft: ein Wunderkind.

Ich möchte gar nicht spotten. Es gibt Kinder, die früher als andere realistisch zeichnen. Ob das ein Vorteil ist, sei dahingestellt. Natürlich fallen sie unter ihren Altersgenossen auf – meist nicht lange, dann holen die anderen auf. Man ist wieder gleich unter Gleichen. Möglicherweise werden diese Kinder um eine Phase betrogen, herumgeführt, darüber gelobt, in der sie ihre Phantasie breit hätten ausleben können. Sie binden sich, aus welchem Grunde immer – die ehrgeizigen Eltern sind nicht zu unterschätzen – an die Realität, sehen die Dinge von außen und verlieren damit den inneren Zusammenhang – oft in unorganischer Entwicklung.

Aber, gibt es keine Wunderkinder? Wie in der Musik?

In der Bildsprache ist die Klippe die Pubertät. Viele Kinder, die vorher mit Begeisterung zeichneten und malten, wechseln jetzt die Ausdrucksebene. Es ist, als wenn der Bilderstrom versiegen würde. Von meiner Arbeit mit Senioren weiß ich, daß diese Welt einfach nur unbeachtet und daher auch ungefördert („fördern" ist ein Wort aus der Bergwerkssprache ...) im Keller liegen bleibt. Man kann sie wieder ausbuddeln. Aber es hat ja einen Grund, warum sie da abgestellt wurde und einstaubt. Die Interessen haben sich verlagert. Natürlich gibt es Kinder, die wie besessen zeichnen und malen und eine Unzahl von Blättern produzieren, eines schöner als das andere. Sie bersten fast vor Phantasie, Einfallsreichtum, Farbzauber, liebevollen Details und einer unerschöpflichen Erzählfreude. Es sind Arbeiten mit dieser unglaublichen Einheit von Ernst und Fröhlichkeit. Man ist einfach gut gelaunt, wenn man diese Blätter ansieht.

Manche Kinder sind intensiver als andere auf dieser Ebene tätig. Es sind besonders begabte Kinder, aber „begabt" sind sie alle, d.h. mit der Gabe ausgestattet, sich in Bildern auszudrücken.

Ich werde manchmal gefragt, ob es nicht möglich ist, ausgehend von der Bilderflut, mit der uns so ein begeistertes Kind überschüttet, Vorhersagen zu treffen, ob dieses Kind später künstlerisch tätig sein wird. Ich bin sicher, daß es hier keine zuverlässigen Prognosen gibt. Es gibt Wahrscheinlichkeiten, Vermutungen, mehr aber nicht.

Spannend ist jedoch der umgekehrte Weg.

Wir haben es in unserer Akademie gelegentlich ausprobiert. Manche Studentinnen und Studenten besitzen noch ihre Zeichnungen seit der Kritzelstufe. Sie legten sie zu langen Reihen auf dem Fußboden unserer Aula aus, oft sehr, sehr viele Arbeiten, bis hin zu ihren Blättern, die sie jetzt als junge Künstlerinnen und Künstler produzierten. Plötzlich konnten wir von „oben nach unten" gehen. Oft war in den ganz frühen Blättern schon eine bestimmte feingliedrige Art der Zeichnung, eine Farbvorliebe, ein bestimmter Zugriff zum Blattformat deutlich, der sich im Laufe der Entwicklung noch verstärkt und verdeutlicht hat. Eine Bildbiographie, auch die gibt es selbstverständlich.
Sie sollten Ihr Kind in jedem Falle fördern. Ein sogenanntes begabtes Kind wird die Förderung geradezu einfordern. Und vielleicht … wer weiß! In jedem Fall ist es eine für die Entwicklung der kleinen Persönlichkeit außerordentlich wichtige Zeit.

Soll ich mein Kind in eine Kunstschule schicken?

Es gibt heute viele Einrichtungen, die das Zeichnen und Malen der Kindern fördern und anregen. Viel mehr als früher. Kinderateliers, Kinderwerkstätten, Malstudios schießen geradezu aus dem Boden. Bevor Sie Ihr Kind dort hinschicken, sollten Sie sich gut informieren. Alles steht und fällt mit der Person, die das leitet. Ist sie sensibel, künstlerisch ausgewiesen, voller Einfälle und Poesie, geduldig und humorvoll und sind die Gruppen nicht zu groß, so kann so ein Studio eine wertvolle Ergänzung zur Förderung in der Familie sein. Ihr Kind muß seine innere Freiheit bewahren können, auch eigene Ideen verwirklichen dürfen. Wenn zu stark auf ein bestimmtes Ergebnis hingeführt wird, wenn die Gruppen so groß sind, daß kaum Zeit für das einzelne Kind bleibt, kann es eher schädlich sein.
Es gibt heute Ateliers, in denen nur nach ganz festgelegten Regeln gearbeitet wird. Es mag sein, daß hier erstaunliche Ergebnisse erzielt werden. Mir ist das eher unheimlich. Wie soll eine autonome künstlerische Persönlichkeit heranwachsen, wenn sie keine Möglichkeit hat, ganz eigene Wege zu gehen, Sackgassen auszuprobieren, auch auszubrechen? Informieren Sie sich bitte sorgfältig. Die Zusammenarbeit von Kindern in Gruppen in Studios, in Kinderakademien, ist prinzipiell gut und anregend.
Wenn Sie ein Einzelkind haben, wäre es in jedem Fall hilfreich, wenn es sich, vielleicht bei Ihnen, an einem Nachmittag zum Zeichnen und Malen, Bauen, Collagieren etc. mit anderen Kindern treffen könnte. Wenn Sie noch nicht so erfahren sind, können Sie sich Anregungen aus Büchern (siehe Literaturverzeichnis) holen. Nur, führen Sie nicht zu stark. Lassen Sie die Kinder denken und formulieren, d.h. ihre Sachen in Form bringen. Mir ist es geglückt, 1970 in München die ersten „Schulen der Phantasie" zu gründen.

Sie haben sich bewährt. Im In- und Ausland gibt es inzwischen sehr viele davon. Vielleicht gründen Sie auch eine?

Was ist die „Schule der Phantasie"? Wie gründet man sie?

Die „Schule der Phantasie" ist eine Einrichtung, in der Phantasie und Kreativität gefördert werden sollen. Das klingt sehr einfach, ist innerhalb unserer einseitigen Bildungslandschaft aber alles andere als selbstverständlich. Es geht also um ein bestimmtes Verhalten, nicht um Fertigkeiten.
Ich bin oft gefragt worden, warum wir das Ganze dann „Schule" der Phantasie nennen …
Die Urbedeutung des Wortes Schule im Griechischen meint: „Muße, Gespräch, Begegnung". Damit ist auch schon die Methode der Schule benannt.
„Sonderbarerweise" kommen meist hinreißend schöne Ergebnisse heraus, obwohl sie nicht direkt in der Zielrichtung liegen. Fachleute wundert das allerdings nicht.
Am Anfang stand bisher fast immer eine Elterninitiativgruppe. Es waren Eltern, die in ihrem Ort eine Einrichtung haben wollten, in der die Phantasie und Kreativität ihrer Kinder mehr gefördert und unterstützt wird als die Regelschule und normalerweise auch die Eltern es können. Das Gemeinschaftserlebnis in diesen Gruppen ist nicht zu unterschätzen.
Diese Initiativgruppe versuchte nun meist, ihre Idee bekanntzumachen. Da sind schon ganz verschiedene Wege gegangen worden. Möglich ist zum Beispiel eine Vortragsveranstaltung mit jemandem, der oder die sich lebendig und überzeugend mitteilen kann. Oft wurden Ausstellungen von Kinderarbeiten dazu gezeigt. Kindertheater, Kinderzirkus – alles ist möglich.
Die Eltern von Aichach in Bayern beispielsweise haben mitten auf dem Marktplatz einen Infostand aufgebaut. Plakate wurden gemalt, Handzettel verteilt und Wandzeitungen hergestellt – der Phantasie sind keine Grenzen gesetzt.
Bewährt hat sich, wenn in diesem Vorstadium schon die Presse mitmacht. Ich kenne begeisterte Journalistinnen und Journalisten, die wirklich „mitgespielt" haben und so eine große Öffentlichkeit für die geplante „Schule der Phantasie" gewinnen konnten.
Am besten ist es, wenn als Lehrkräfte Leute wirken, die selbst künstlerisch tätig sind und pädagogische Erfahrungen haben. Hier wird

Schule der Phantasie.

- Ein Blick in die „Werkstatt" der Kinderakademie in Neuburg an der Donau.
- Ein Dorf entsteht.

sozusagen von „Atelier zu Atelier" gearbeitet. Das ist meist am unkonventionellsten und lebendigsten. Viele Mütter mit ensprechender Ausbildung, die wegen ihrer Kinder in ihrem Beruf gerade nicht aktiv sein können, arbeiten bei uns mit. Sie haben oft eine beeindruckende Kraft. Häufig sind aber auch Lehrkräfte mit besonderen künstlerischen Interessen dabei.

Wichtig ist, daß die Kinder nicht in eine enge, vorbereitete Aufgabe mit entsprechendem Ergebnis hineingeführt werden. Wesentlich sind die offenen kreativen Prozesse, daß Eigeninitiativen unterstützt werden, daß eben die Kinder und *ihre* Ideen ernstgenommen werden.

Als Lehrkräfte arbeiten neben bildenden Künstlern auch Schauspieler, Designer, Modeleute, auch „Hausfrauen" mit entsprechenden Erfahrungen mit. Gemeinsam ist allen Begeisterungsfähigkeit, Neugierde und wirkliches Interesse am Kind und seiner Welt. Für die Veranstaltungen (einmal in der Woche 1,5 Stunden) sollten keine Kosten von den Kindern bzw. ihren Eltern erhoben werden. Gelegentlich fallen Materialzuschüsse an.

Ich meine, die Kosten für eine derartige Schule müßte die Gemeinde tragen (das ist in 99 % aller Schulen der Phantasie der Fall). Eine zukunftsorientierte Gemeindeverwaltung, ein aufgeschlossener Gemeinde- oder Stadtrat weiß sicher, was auf die Dauer gesehen die Phantasie der Kinder bedeutet: Sie gestaltet die Zukunft.

Wir gehen pro Lehrer von Kosten aus, die für nebenamtliche Lehrkräfte an der Schule bezahlt werden. Die Summe ist also sehr überschaubar und im Gemeindehaushalt völlig unbedeutend. Es bedarf natürlich einer politischen Willensäußerung, eines entsprechenden Beschlusses für den Gemeinde- und Stadthaushalt. Ich erinnere mich an den Oberbürgermeister von Gauting bei München, der nach der Werbeveranstaltung aufstand und sagte: „Das leuchtet mir ein. Das machen wir!" Zwei Wochen später gab es in zwei Nachbarorten eine große „Schule der Phantasie" mit zwölf Kursen. Das war Weitsicht und Mut!

Meist geht es leider nicht so glatt. Jetzt sind die Elterninitiativgruppen und die Presse wieder gefragt. Diplomatie und Zähigkeit, auch Klugheit sind keine Schande.

Es gilt, den Schulleiter oder die -leiterin und die Lehrkräfte zu gewinnen. In den Schulen stehen nachmittags die Räume leer. Vielleicht gibt es sogar einen Raum, der einfach und variabel eingerichtet ist und einen Lagerraum hat. Das wäre der Idealfall. Wir

Kinderakademie.

- Franzi kleidet sich für den Zirkus.
- Theresa baut einen Elefanten.
- Anna streicht ihre Giraffe gelb.
- Anna und ihr Krokodil.

Franzi

haben aber auch schon unter viel schwierigeren Bedingungen begonnen. Wenn Schulleiter/in und Elternbeirat mitspielen, wird es klappen. Wenn Sie überzeugt sind, könnte es an Ihrem Ort auch bald eine „Schule der Phantasie" geben. Wer schon mitgemacht hat, weiß, wieviel Begeisterung von den Kindern auf die Erwachsenen überspringt, und wie auch bei kritischen Überlegungen gemeinsam Lösungen gesucht und gefunden werden können.

Was sind Kinderakademien?

Im Sommer finden in Neuburg an der Donau jährlich Sommerakademien statt. Dort treffen sich Interessierte mit Künstlern und arbeiten mit ihnen zusammen. Es gibt Klassen für Malerei und Graphik, Bildhauerei, Druckgraphik, Goldschmiede, auch für verschiedene Bereiche der Musik. Etwa 250 Teilnehmer verschiedener künstlerischer Disziplinen bevölkern die wunderschöne Altstadt. Vor Jahren ist es mir gelungen, auch Akademien für den „künstlerischen Nachwuchs" einzuführen. Sie finden seither unter Leitung junger Künstler statt. Seit einiger Zeit gibt es auch eine in den Pfingstferien.

Kinderakademien gibt es inzwischen auch in anderen Städten. Sie sind an sich nichts Neues und gar nicht so schwierig durchzuführen. Man muß es nur machen.

Die Kinder kommen ganztägig (mit Mittagspause), 8 oder 14 Tage lang. In unserem Fall waren sie im Grundschulalter, es waren auch 11- und 12jährige dabei – meist die „Senioren", die von früheren Akademien, an denen sie teilgenommen hatten, immer noch Geschmack daran hatten. Ziel ist, mit den Kindern zusammen *ihre* Ideen zu verwirklichen. Natürlich waren wir immer gut vorbereitet, hatten in der Schublade Pläne: Was tun wir, wenn keine Ideen kommen? Wir haben sie nie gebraucht. Wichtig ist, daß sehr vielseitiges Material und Werkzeuge vorhanden sind.

Ich schildere hier kurz den Ablauf einer dieser Akademien:

Es nahmen etwa 30 Kinder teil. Als sie ankamen, wurden sie mit einer Polaroid-Kamera photographiert. Sie schrieben ihren Namen unters Photo und hängten es an die Wand. So waren sie schon einmal „da". Dann bekamen sie einen Kreppstreifen mit ihrem Namen auf den Pullover oder den Malkittel geklebt.

Nach der Begrüßung und nachdem wir uns vorgestellt hatten, besichtigten die Kinder den Raum. Wir hatten ihn nach „Werkstätten" eingerichtet. Es gab Spezialtische mit Latten, Brettern, Holzwerkzeugen, auf einem anderen Tisch war eine große Rolle mit Maschendraht und normalem Draht plus

Szenen aus der Kinderakademie.

Zwick- und Kombizangen. Es gab einen Tisch mit Ton, einen mit vielerlei Papieren und Farben, einen mit Pappen usw. An jedem Tisch stand eine „Spezialistin“ oder ein „Spezialist“, in unserem Fall waren es Kunststudenten. Allmählich bildeten sich Gruppen, die Kinder waren meist an „ihrem“ Tisch gelandet. Nun kamen „Fachgespräche“. Was kann man aus dem Material machen? Die Fragen stellten aber die Erwachsenen. Die Ideen purzelten nur so. Nach 25 Minuten hörte man nur noch sägen, hämmern, sah die Maler an der Arbeit, die Töpfer, die Kartonarchitekten – ohne eine einzige größere Einführungsrede. Das blieb die ganze Zeit so. Dazwischen gingen einige ins Museum, in die Stadt, ein Kinderzirkus fand statt, ein Fest und was man halt sonst noch so zum Leben braucht.

Beeindruckend waren die unbändige Kraft der Kinder, ihre Ausdauer, ihre Einfälle und die andauernd gute Laune. Wir waren alle begeistert.

Ich meine, wenn sich einige Eltern mit entsprechenden Fähigkeiten zusammenschlössen und irgendwo ein Raum, eine Scheune oder was immer gefunden würde, derartige Kinderakademien könnten überall als Ferienveranstaltungen stattfinden (im kleinen Zeitrahmen auch als Geburtstagsfeier).

10 Anregungen, Hilfen

1. Zeichenbücher

2. Malbücher

3. Bilderbücher

4. Wettbewerbe

5. Kunst in der Familie

6. Kunst im Urlaub

Es gibt doch auch Zeichenschulen in Buchform für Kinder!

Und wie es die gibt. Wie die Pilze schießen sie aus dem Boden. Es ist immer ein Symptom dafür, wie hoch man die Phantasie einschätzt und die Freiheit, die sie braucht. Wie soll Ihr Kind eigentlich kreativ werden, wenn ihm für alles Anleitungen zur Hand gegeben werden? Wo bleiben seine eigenen Einfälle, seine Experimente, seine kleinen Erforschungen unbekannten Terrains? Die Autobahn ist schon gebaut, die Reise ist auch dementsprechend. „Wie male ich Bäume?", „Tiere, leicht gemacht", „Zeichnen lernen mit Kindern – ein Kursprogramm", „Garantiert zeichnen lernen". Bleibt da noch Platz für das eigene Weltbild des Kindes, das Bild von seiner eigenen Welt?

Besonders tief sitzt das Lernprogramm in Formeln: „Punkt, Punkt, Komma, Strich, fertig ist das Angesicht! Mit großen Ohren wurde ich geboren" … Sie kennen es alle.

Kinder mögen es gerne. Es sind graphische Spielereien, die leider keine sind. Kinder mögen es auch gerne, wenn ich ihnen 5 kg Schokolade schenke …

Durch die Formeln wird die eigene Bildentwicklung gestoppt und durch das Schema ersetzt.

Ein Beispiel ist das flachgezogene V für Vogel. Wie eine Epidemie bricht es aus. Kein Vogel sieht so aus. Das Kind weiß viel mehr über den Vogel, als es jetzt zeigen kann und zeigt. Die Formel reicht. Man wird einige Anstrengungen brauchen, um den alten Vogel wieder ins Bewußtsein zu bringen und damit das leere Schema zu knacken.

Ein anderes Beispiel ist der Punkt für das Auge. Einmal übernommen, wird es auch vom 10jährigen Kind noch benutzt. Ich habe selbst mit 6jährigen versucht, das Auge zurückzuerobern, als die Punkte überhand nahmen. Mit Lupen, Spiegeln, Vergrößerungsspiegeln näherten wir uns an das Thema an. Auf einmal war große Begeisterung ausgebrochen, als die Iris mit ihren Farben und Mustern, die Pupille, die Äderchen, die Tränendrüse, die Wimpern und die Augenbrauen, ja überhaupt die Augenform entdeckt wurden. Die Zeichnungen wurden wunderschön. Der „Punkt" wurde beerdigt.

Kinder brauchen keine Zeichenschulen. Die sind schon bei Erwachsenen mit Vorsicht zu benützen. Man sollte die Bücher lieber nicht kaufen oder bereits vorhandene vorsichtig aus dem Verkehr ziehen.

Reizformen.

Die Zeitschrift „Spielen und Lernen"
setzte auf eine Seite ein rotes Dreieck und bat die Kinder, weiterzuzeichnen.
Vier Beispiele aus einer Flut phantasievoller Einsendungen.

Ein rotes Dreieck
Was kann daraus werden?
Hier kannst du kleben und malen.
Susi Jahre alt.
Dieses Mädchen ist Seiltänzerin im Zirkus.
31

Ein rotes Dreieck
Was kann daraus werden?
Hier kannst du kleben und malen.

Ein rotes Dreieck
Was kann daraus werden?
Hier kannst du kleben und malen.

Ein rotes Dreieck
Was kann daraus werden?
Hier kannst du kleben und malen.
Ein sonnen-tag
27

Mein Kind hat ein Malbuch geschenkt bekommen ...

Das Angebot an opulenten Malbüchern ist anscheinend nicht auszuschöpfen. Eines Tages bekommt natürlich auch Ihr Kind so ein Werk geschenkt, voll meist grauenhafter Figuren in doppelter Ausführung. Auf der einen Seite farbig, auf der anderen nur in Konturen. Die „Aufgabe" ist es nun, nach dem Vorbild der einen Seite die andere auszumalen. Ausgesprochen phantasiefördernd! Wenn man nachfragt, warum jemand so ein Malbuch kauft oder verschenkt, so hört man meist zwei Begründungen. Zum einen würde es die Disziplin beim Zeichnen fördern, wenn das Kind mit seinen Zeichenstiften innerhalb der vorgegebenen Linien bleiben müsse. Zum anderen lerne es nebenbei zeichnen, da es sich intensiv mit den Bildern beschäftige. Die zweite Begründung ist barer Unsinn. Schon weil man Zeichnen gar nicht „nebenbei" lernen kann. Zeichnen ist ein Vorgang, der höchste Konzentration erfordert. Ferner wissen wir, daß unsere Kinder ein Bild verstehen müssen, es in ihre Vorstellung integrieren und schließlich in ihrer eigenen Zeichenwelt mitteilen. Zum Glück „lernen" sie diese Bilder nicht. Sie sind es nicht wert. Und die erste Begründung? Wenn ein Kind *seine* Zeichnung anfertigt und dann mit Stiften ausmalt, so tut es dasselbe, ist aber ganz anders motiviert, da es seine eigene Zeichnung koloriert.
Kinder sind aber doch sehr beeindruckt und malen anfänglich auch ganz brav und geduldig. Es wird wenig Sinn haben, auf die pädagogische Fragwürdigkeit hinzuweisen. Ein Verbot würde nur Widerstand provozieren. Also was tun?
Ich würde dem Kind Schere und Klebstoff in die Hand drücken. Man kann die Figuren ausschneiden, zusammenkleben, Papiertheater bauen und spielen. Das Problem landet in absehbarer Zeit im Papierkorb.
Manchmal findet man auch Malbücher, die interessant und anregend sind. Max Kläger entwarf einige. Es sind eigentlich Malanregungsbilder. Da ist zum Beispiel auf der linken Seite eine wunderschöne bunte Feder abgebildet. Das Kind wird gebeten, rechts den Paradiesvogel zu malen, zu dem diese Feder gehört. Manchmal findet man in Zeitschriften Anregungen durch sogenannte Reizformen. Die Kinder sollen etwas erfinden und malen, wo diese Form mit eingebaut ist. Die Zeitschrift „Spielen und Lernen" brachte vor einiger Zeit eine Seite mit einem kleinen roten, spitzwinkeligen Dreieck. Ich konnte zufällig die Ergebnisse sehen. Die Vielfalt der Einfälle war beeindruckend. Tiere, Dinge, Maschinen unterschiedlichster Ausprägung wurden durch die Form ausgelöst.
Sie können so etwas selbst erfinden, wenn im Urlaub nach 14 Tagen Regen auch die letzte Idee verpufft ist.
Ein ganz besonders schönes Malbuch entwarf der italoschottische Bildhauer Sir Eduardo Paolozzi. Es sind „Abfälle" der Ent-

würfe für das große Mosaik in der Tottenham-Palace U-Bahn-Station in London. Wunderbare, feingliedrige Muster, stilisierte und ornamentierte Figuren. Natürlich gab es keine Beispiele zum Nachmalen. Hier mußte man schon selbst erfinden. Die Ergebnisse waren frappierend schön. Leider ist das Buch längst vergriffen. Vielleicht findet sich eines Tages ein Verlag, der es wieder auflegt.
Aber – das sei wirklich betont: Das Kind, das in einer reizvollen Umgebung aufwächst und genügend Unterstützung erfährt, braucht keine der üblichen Malbücher, wie sie am Anfang dieses Kapitels beschrieben werden.

Können Bilderbücher anregend sein?

Es gibt wunderschöne Bilderbücher und herrliche Geschichten, die Kinder und Erwachsene begeistern können. Das sind aber nicht die einzigen Möglichkeiten, die für Kinder anregend sein können. Oft sind Bücher für Ihr Kind faszinierend, die eigentlich für Erwachsene gedacht sind. Leihen Sie doch möglichst viele Bücher in Bibliotheken aus und betrachten Sie sie mit Ihrem Kind zusammen. Kunstbände, Naturgeschichten, Bücher mit Illustrationen aus der Geschichte, über Städte, Länder. Wenn Ausländer in ihrer Nähe leben, sollte Ihr Kind doch auch Bescheid wissen, wie es in der Türkei, in Griechenland, Spanien, Portugal usw. aussieht, wie die Leute leben, wie die Städte und Dörfer aussehen und was man dort trägt. Das wäre zumindest die Basis für ein besseres Verständnis. Ihr Kind sollte es gewöhnt sein, Fragen zu stellen. Das wiederum könnte zu hochinteressanten Dialogen in der Familie führen. Manches dieser Themen könnte so „heiß“ werden, daß es Ihr Kind zeichnen und malen möchte.
Das gilt aber auch für Märchenbücher, für Sagen, für Fabeln, für skurrile Erzählungen und natürlich auch für Inhalte von Bilderbüchern. Ich hatte sehr schöne Erlebnisse mit Kindern mit Büchern von Jürgen Spohn, Walter Schmögner, Lionni u.v.a.
Es gibt in diesem Zusammenhang auch sehr beeindruckende Publikationen, wie zum Beispiel Kinder in ihren Malereien auf Bert Brecht reagieren, wie Kinder das Thema Jerusalem angehen, wie japanische und deutsche Kinder auf Grimms Märchen mit ihren Bildern antworten oder wie Kinder aus aller Welt Bilder zum Alten Testament gestalten. Einige Beispiele sind im Literaturverzeichnis aufgeführt.
Wer sich mit seinem Kind zusammen auf Bücher einläßt, wird bald eine Schatztruhe öffnen.

Laufend werden Malwettbewerbe für Kinder ausgeschrieben. Soll mein Kind daran teilnehmen?

Ich bin kein Freund dieser Wettbewerbe. Man kann sich oft gar nicht mehr retten vor Nachfragen. Die Sparkasse, der Kaufhof, die

Gemeinde, die Kirche, alle loben Wettbewerbe aus und locken mit (meist fragwürdigen) Preisen. Abgesehen davon, daß man sonst nichts mehr zu tun bräuchte, als die gestellten Aufgaben zu erledigen, ist für mich diese Art von Wettbewerben ein System von organisierten Niederlagen. Unter den vielen eingesandten Arbeiten können nur ganz wenige ausgezeichnet werden. Was ist mit all den vielen anderen Kindern, die alle nachgedacht, gezeichnet, gemalt und sich geplagt haben? An jedem Blatt hängt eine Hoffnung. Und wer wählt aus? Es sind meist politisch „komponierte" Jury's. Die Frau des Bürgermeisters, ein Vertreter der Presse, politische Repräsentanten usw. Selten ist jemand dabei, die oder der durch besondere Sachkenntnisse auf dem Gebiet der Kindermalereien aufgefallen wäre. Ich gehe, wenn möglich, in all diese Jury's. Nicht, weil mich das so begeistert, sondern um für die Kinder Schlimmstes zu verhindern. Trotzdem gibt es den ersten, zweiten, dritten Preis. Abgestimmt. Warum nicht das Blatt daneben? Das hätte es genauso sein können.

Und was ist mit den Preisträgern? Sie haben dann ihr Fahrrad, ihren Ölmalkasten oder was auch immer, sind vorübergehend „Star". Dann ist alles zu Ende. Etwas benommen wiederholen sie lange ihr Erfolgsergebnis. Ohne Resonanz. Der Scheinwerfer ist aus. Was bleibt, ist ein schaler Geschmack und oft ein „abgehobenes" Kind. Ich würde die Frage nach der Teilnahme an solchen Wettbewerben daher mit „nein" beantworten.

Lieber sind mir Malaktionen ohne Wettbewerbscharakter. Ein Beispiel war jene Malaktion, die bei den 600.000 Kindern in deutschen Caritaskindergärten durchgeführt wurde. Die Kinder dachten in ihren Blättern darüber nach, wo *sie* helfen können. Die Ergebnisse waren überwältigend. Überall hatte es Gespräche gegeben und Ausstellungen. Es gab eine Auswahl für eine Wanderausstellung. Das mußte aber schon ein Zufall gewesen sein, wenn ein Kind davon erfuhr, daß sein Bild dort hing. Alles blieb „normal".

Wieviel Kunst braucht eine Familie?

In diesem Kapitel soll von Museumsbesuchen die Rede sein. Ich möchte niemanden traurig machen, die oder der mit seiner Familie in einer Gegend wohnt, wo weit und breit kein Museum ist. Manches davon ist im Urlaub unterzubringen. Es gibt sicher eine Kirche mit Originalen, vielleicht haben Sie selbst oder Bekannte welche, die es wert sind, in den Blickwinkel gerückt zu werden. Im

Reizvolle Umgebung.

Die Kinder nehmen mit allen Sinnen wahr. Ihre Erlebnisse finden wir in den Zeichnungen wieder.

Grunde geht es darum, etwas genau anzusehen, zu hinterfragen, nachzudenken, vielleicht auch nachher zu zeichnen. Unter diesem Aspekt könnte und sollte der ganze Ort zum Seh- und Lerninhalt werden mit seinen Gebäuden, Plätzen, Betrieben, Handwerkern. Das führt zu einer verfeinerten Wahrnehmung und damit zum intensiven Bewußtsein, dazusein. Wenn nicht anders möglich, kann man Kunstwerke auch auf Kalendern und in Büchern anschauen. Aber, wie gesagt, im Urlaub, auf der nächsten Reise, sollte ein Museumsbesuch eingeplant werden.

Ich wurde oft gefragt, wie früh man mit Kindern ins Museum gehen sollte, wie alt die Kinder sein müßten. Darauf weiß ich nie so richtig zu antworten. Eigentlich sollte die Mutter mit dem Vater schon hingehen, wenn das Kind unterwegs ist …

Auch kleinste Kinder reagieren auf Glasfenster in der Kirche, auf Plastiken, die man streicheln und vielleicht füttern kann. Es kommt eben darauf an, was wir im Museum suchen. Sicher nicht den stilistischen Unterschied zwischen dem frühen und späten Rubens. Wenn wir uns von solchen Ansprüchen lösen, dann haben wir ein großes Bilderbuch vor uns, voller Geschichten, Menschen, Tieren, Landschaften, Stimmungen.

Nur nicht zu viel auf einmal wollen. Wenn Sie sich selbst an Ihren ersten Museumsbesuch erinnern …

Ich war oft mit Kindern im Museum. Es war immer aufregend, vor allem dann, wenn es etwas zu finden und zu entdecken gab, oder wenn wir manche Bilder schon vorher als Dia oder Druck kennengelernt haben und die Kinder das Original entdeckten.

Die Kinder sollten auch über Bilder sprechen, die ihnen nicht gefallen. Begründetes Ablehnen will auch gelernt sein.

Normalerweise haben die Kinder dann anschließend gezeichnet oder gemalt. Das war nie eine Kopie des Gesehenen. Es war eine Umsetzung in die eigene Vorstellungswelt und für mich ein oft aufschlußreiches Dokument darüber, was die Kinder beeindruckte und was ihnen wichtig war.

Oft haben die Kinder dann ihre Eltern überredet, auch mit ihnen ins Museum zu gehen, und haben ihnen dann vieles erklärt!

Solange die Neugierde nicht befriedigt ist, braucht die Familie Kunst. Da kann viel zusammenkommen. Im Psalm heißt es: Die Augen werden nie satt.

Wenn Sie die Möglichkeit dazu haben, sollten Sie Künstler in ihren Ateliers besuchen.

Kunstbegegnungen.

Kinder erleben die verdichtete Wirklichkeit in Kunstwerken sehr intensiv.

Wir Erwachsenen können über die Kinder Kunst wieder sehen und erfahren lernen.

Das sind wirklich bleibende Eindrücke für Ihr Kind. Ein Raum voller Bilder, viele mit dem Gesicht zur Wand gestellt, die vielen Pinsel, die Palette, die Farben, die Staffelei, der Geruch, das große Fenster und der Mensch selbst, der so interessante Sachen macht …

Das sind später Erinnerungen, die manches grundlegen können und die man nicht aus Büchern holen kann. Wie stark aber auch ein Bucheindruck sein kann, möchte ich an einem Reiseerlebnis schildern: Wir waren mit dem Wohnmobil unterwegs. Unsere Tochter Franzi – noch im Schlafsack – entdeckte ein Buch über Joan Miró, in dem ich am Vorabend geblättert hatte. Sie war sehr interessiert. Ganz still betrachtete sie einige Seiten. Dann holte sie Zeichenstifte und zeichnete einige Bilder schnell und sicher – fast möchte ich sagen – ab. Natürlich benützte sie die Bildsprache, die für 6jährige charakteristisch ist, näherte sich aber erstaunlich nahe an den Druck an. Dann war das Buch uninteressant geworden. Doch noch nach Monaten konnten wir in ihren Bildern Miró-Motive finden. Es hatte gezündet.

Kunst im Urlaub?

Daß Sie für Ihr Kind genügend Farbstifte, Kreiden, Papier, Klebstoff und Schere dabei haben „müssen", braucht wohl keine Begründung. Gerade Kinder, die es gewöhnt sind, zu zeichnen und zu malen, hätten dafür gar kein Verständnis, wenn Sie es vergessen würden. Vielleicht halten Sie im Koffer noch etwas Besonderes zurück. Gelegenheiten für Überraschungen gibt es sicher. Bunte Klebepapiere, Scherenschnitt- und Transparentpapiere, vielleicht, wenn Ihr Kind nicht mehr ganz klein ist, eine Scherenschnittschere, scharf und spitz, oder besondere Pinsel usw. Auf jeden Fall brauchen Sie einen ‚Notfallkoffer', einen Kulturbeutel mit Stiften und einem kleinen Block, vielleicht auch einem kleinen Buch zum Anschauen oder Lesen. Sie brauchen ihn bestimmt oft in Restaurants, beim Warten auf ein Schiff, einen Zug, während einer allzu langen Autofahrt. Es erfreut die Kinder und schont Ihre Nerven.

Urlaub ist die Zeit voll neuer Reize und Eindrücke. Die Kunst darf da nicht fehlen. Wie sie vorbereitet und wie man damit umgehen könnte, möchte ich gerne an einer „Bildungsreise für ein Kind" nach Venedig zeigen. Es muß ja nicht Venedig, es kann auch weniger aufwendig sein, aber als Modell könnte es dienen.

Erlebnisfeld Museum.

Wenn wir die Museen mit den Augen der Kinder erleben, sind wir vielleicht auch bald Museumsratten.

Kinder werden schnell zu kleinen Forschern.

Venedig – ein Kind erlebt ein Bilderbuch

„... Da gibt es eine Stadt, in der fahren keine Autos auf den Straßen. Sie hat nämlich gar keine Straßen, sondern nur Gassen. Die sind so schmal, daß man oft mit den Händen von einer Hauswand zur anderen greifen kann. Dort, wo die breiten Straßen sein sollten, fließt Wasser mitten durch die Stadt, und auch die Häuser stehen im Wasser. Und auf diesen Wasserstraßen fahren viele Schiffe – Ruderboote, Motorboote, kleine Dampfer ..." Mit großen Augen hörte der fünfjährige Egid den Erzählungen von dieser Märchenstadt zu. Immer neue Einzelheiten traten auf: die vielen Tauben, die Katzen, der Löwe mit den Flügeln auf der Säule. „Und dann gibt es da eine Kirche mit vielen Säulen und Kuppeln. An den Wänden sind herrliche Bilder aus goldenen Steinchen. Alles funkelt und glänzt ..."

Venedig in Gute-Nacht-Geschichten „zerlegt". Im Laufe der Zeit bildete sich im Kopf von Egid eine recht klare Vorstellung über diese zauberhafte Stadt mitten im Meer. Er wußte noch nicht, daß es sie wirklich gibt. Allmählich konnten wir herangehen, ihm Bilder zu zeigen. Ein kleiner Bildband wurde zum Lieblingsbuch. Die Bilder waren doch wie Illustrationen zu diesem Märchen von der Märchenstadt.

Wir lernten auch noch ein paar Worte Italienisch. Bei seinem ersten Italienbesuch war Egid natürlich fast verstört, als er auf die Leute zuging und die ihn mit einem Wortschwall überschütteten, von dem er nichts verstand. Jetzt wußte er, was „Ciao bello" heißt, und daß „Cannucia" Strohhalm bedeutet. Alles war bis dahin ein Märchen.

Dann war es so weit. „Egid, wenn Du noch zweimal geschlafen hast, fahren wir mit dem Zug (!!) nach Venedig." Das Indianergeheul war martialisch.

Es kamen schwierige Verhandlungen und Überlegungen. Darf der große Bär mit oder der kleine? Usw. Der große Tag kam. Mit zwei großen Koffern, einer Tasche und dem kleinen Bären zogen wir ins Zugabteil. Alles war sehr aufregend. Ein Paket fiel vom Postwagen. Der Arbeiter mit dem langen Hammer. Der Mann mit dem „Kochlöffel". Mit Kasperlspiel, Domino, Bilderbüchern, zelebrierten Mahlzeiten (Saft mit Cannucia) verging die Zeit rasch. Jedenfalls, als wir bei Dämmerung nach einer Fahrt übers Meer (die lange Brücke von Mestre aus) in Venedig ankamen, waren *wir* erledigt, Egid nicht. Venedig.

Vor dem Bahnhofsplatz führt gleich der Canal Grande vorbei. Es empfing uns ein

„Bildungsreise für ein Kind."

- Bei den Glasbläsern in Murano.
- Die Traumstadt.

reges Treiben. Schiffe hin, Schiffe her, Gesang, Geschrei, rennende, schimpfende Leute. Egid war sprachlos – ein paar Minuten, dann führte er einen Freudentanz auf, daß uns Hören und Sehen verging. Gut, daß bald die Nacht kam. Wir wohnten in der Nähe von San Marco. Gerüstet mit Taubenfutter machten wir uns auf den Weg. Es war nicht weit, dafür brauchten wir um so länger.
Der Markusplatz.
Zuerst großes Staunen, dann pures Entsetzen über den Sturzflug von einigen hundert Tauben. Schließlich Überwinden der Angst. Tauben füttern … „die haben soo Hunger."
Es werden die beiden Löwen auf der Piazzetta erobert. Dann das Vaporettofahren. Es wurde redlich ausgenutzt. Das Anlegen, Seilwerfen, Festzurren, Aus- und Einsteigen, der Blick in die Kapitänskajüte – ein lebendiger Traum.
Der Blick von den Brücken. Was da alles unter uns durchfuhr: Gondeln, Schiffe mit und ohne Außenbordmotor, Müllboote, Flaschenboote, Möbelboote, Maler-, Schreiner-, Maurer-, Zimmererboote. Ein defekter Motor wurde mit landesüblicher Theatralik repariert, ein abgeschlepptes Boot. Auf einem Boot fuhr eine Katze mit, auf einem anderen ein Hund – unbeschreiblich. Überhaupt, die Katzen! Venedig, die Stadt der Katzen! Jede muß angesprochen, gestreichelt, nach Möglichkeit gefüttert werden …
Und dann die Inseln. Die Steinbrunnen von Torcello, die Spitzenklöpplerinnen von Burano und vor allem die Glasbläser von Murano – es war ein Paradies.
Egid: „Das ist alles in unserem Buch. Aber hier ist es viel schöner!"
Der Tagesablauf.
Es wurde viel geschlafen. Auch mittags. Egid gab den Rhythmus an. Er war menschenfreundlich.
Es gab viele Gespräch, Fragen, viel Spaß.
Schließlich kam der letzte Abend. Der Ausblick auf die lange Zugfahrt und der plötzliche Einfall, daß der große Teddy auf den kleinen warten könnte, machte alles leichter. Wir verließen Venedig voller Erinnerungen und ohne Trauer, eigentlich glücklich. Es gab noch viele wichtige Fragen. Wer wird jetzt die Tauben füttern? Usw.
Der große Bär hörte viele Geschichten.
Noch lange nachher war ich erstaunt, wie viel Egid in Erinnerung behalten hatte. Vielleicht deshalb, weil durch die Vorbereitung die Eindrücke nicht unerwartet kamen. Noch sehr lange Zeit nach der Reise konnte er vor einem Bild von Canaletto, dem Maler, der die Stadt am genauesten dargestellt hatte, ausführlich viele Einzelheiten beschreiben und benennen.

Venedig, mit Kinderaugen gesehen.

Kleine Frage

Glaubst du
du bist noch
zu klein
um große
Fragen zu stellen?

Dann kriegen
die großen
dich klein
noch bevor du
groß genug bist.

Erich Fried
Aus: Lebensschatten. Gedichte

Über den Autor

Rudolf Seitz, geb. 1934 in München, seit 1974 Professor für Kunsterziehung und Kunstpflege an der Akademie der Bildenden Künste in München, deren Präsident er sechs Jahre lang war. Studierte Malerei und Graphik, Philosophie, Pädagogik und Kunstgeschichte, war Kunsterzieher am Gymnasium und ab 1966 Dozent an der Ludwig-Maximilians-Universität München.
Er arbeitet seit 1968 aktiv mit Kindern im Vor- und Grundschulbereich, in der außerschulischen ästhetischen Erziehung (seit 1988 auch mit Senioren) und in der Fortbildung (Erzieherinnen, Lehrerinnen und Lehrer, Eltern) und bildet Kunsterzieher für Gymnasien aus.
Er entwickelte Eltern-Kind-Programme, gründete verschiedene Kinderwerkstätten und Kinderateliers. 1979 startete er in München die ersten „Schulen der Phantasie", die inzwischen in vielen Städten im In- und Ausland Verbreitung fanden.
Viele Buch- und Zeitschriftenpublikationen, Rundfunk- und Fernsehsendungen.
Er wurde aufgefordert, seine pädagogische Praxis in über zwanzig Ländern vorzustellen. Seine Arbeiten wurden in neun Sprachen übersetzt.

Papa im Fasching.
Franzi, 7,5.

Literaturverzeichnis

Aissen-Crewett, M.	Kinderzeichnungen verstehen. Von der Kritzelphase bis zum Grundschulalter. München 1988
Arnheim, R.	Kunst und Sehen. Eine Psychologie des schöpferischen Auges. Berlin 1965
	Anschauliches Denken. Frankfurt 1980
Avé-Lallemant, V.	Der Wartegg-Zeichentest in der Jugendberatung. München, Basel 1978
Bachmann, H.	Malen als Lebensspur. Die Entwicklung kreativer bildlicher Darstellung. Ein Vergleich mit den kindlichen Loslösungs- und Individuationsprozessen. Stuttgart 1993
Bareis, A.	Vom Kritzeln zum Zeichnen und Malen. Donauwörth 1992
Barthelmes, J., Feil. C. und Furtner-Kallmünzer, M.	Medienerfahrungen von Kindern im Kindergarten. Spiel. Gespräche. Soziale Beziehungen. Weinheim, München 1991
Baumgardt, U.	Kinderzeichnungen – Spiegel der Seele. Kinder zeichnen Konflikte ihrer Familie. Zürich 1988
Becker-Textor, I.	Kreativität im Kindergarten. Freiburg, Basel, Wien 1991
Berufsverband Bildender Künstler Schwaben Nord und Augsburg	Kinderzeichnungen aus dem Konzentrationslager Theresienstadt. Augsburg 1990
Björck, Ch., Anderson, L.	Linnéa im Garten des Malers (Monet). München 1988
Blanquet, C.-H.	Miró entdecken. Frankfurt 1993
Bohm, E.	Lehrbuch der Rorschach-Psychodiagnostik. Bern, Stuttgart, Wien 1972
Bohn, E.	Malen und Zeichnen. Kinder entdecken ihre Kreativität. Zürich, Wiesbaden 1989
Bolliger, M., Capek, J.	Das schönste Lied. Zürich 1980
Braun, A.	Kinderzeichnungen aus aller Welt. Frankfurt 1967

Brem-Gräser, L.	Familie in Tieren. München, Basel 1975
Britsch, G.	Theorie der Bildenden Kunst. Ratingen 1966
Brookes, M.	Drawing with Children. Los Angeles 1986 (Deutsche Übersetzung: Zeichnen lernen mit Kindern. Hamburg 1990)
Brunner, C., Vogelsanger, C.	Teju zeichnet. Aus den Malheften einer indischen Familie. Völkerkundemuseum Zürich 1992
Bundesvereinigung Lebenshilfe für geistig Behinderte e.V.	Wir haben Euch etwas zu sagen. Bildnerisches Gestalten mit geistig Behinderten. München 1984
Caiati, M., Delac, S., Müller, A.	Freispiel, Freies Spiel? München 1984
Cohen, E., Straus Gainer, R.	Art, another language for learning. New York 1984
Coles, R.	Their Eyes meeting the world. The drawings and paintings of children. Boston, New York, London 1992
Daucher, H. (Hrsg.)	Kinder denken in Bildern. München 1990
Deutsches Jugendinstitut (Hrsg.)	Handbuch Medienerziehung im Kindergarten. Teil 1. Pädagogische Grundlagen. Opladen 1994; Teil 2: 1995
Di Leo, J.-H.	Die Deutung von Kinderzeichnungen. Karlsruhe 1992
Doehlemann, M.	Die Phantasie der Kinder und was Erwachsene daraus lernen können. Frankfurt 1985
Doust, L. A.	Drawing lessons for children (5-10). London 1946
Egen, H.	Kinderzeichnungen und Umwelt. Bonn 1977
Egger, B.	Bilder verstehen. Wahrnehmung und Entwicklung der bildnerischen Sprache. Bern, Bonn 1991
Eichmeier, J., Höfer, O.	Endogene Bildmuster. München, Berlin, Wien 1974
Eid, K., Langer, M., Ruprecht, H.	Grundlagen des Kunstunterrichts. Wien, Zürich 1992
Eubel, P.	Grimms Märchen heute. Deutsch-japanischer Kunstwettbewerb aus Anlaß des 200. Geburtstages der Gebrüder Grimm. Goethe-Institut Osaka 1986

Fineberg, J. (Hrsg.)	Kinderzeichnungen und die Kunst des 20. Jahrhunderts. Ostfildern 1995
Friedel, H.	Mit dem Auge des Kindes. Kinderzeichnung und moderne Kunst. Ausstellungskatalog Lenbachgalerie München 1995
Frommelt, W., Mayrhofer H., Zacharias, W.	Eltern spielen, Kinder lernen. Handbuch für Spielaktionen. Hamburg 1975
Furth, G., M.	Heilen durch Malen. Die geheimnisvolle Welt der Bilder. Olten 1991
Gmelin, O. F.	Mama ist ein Elefant. Stuttgart 1978
Goecke-Seischab, M.L.	Von Klee bis Chagall. Kreativ arbeiten mit zeitgenössischen Graphiken zur Bibel. München 1994
Goldin, R. und A.	Kinderkunst (Kinder aus SOS-Kinderdörfern). Oslo 1981
Goodenough, F.L.	Measurement of Intelligence by Drawings. New York 1975
Gordon, A.	Kinder aus aller Welt malen Jerusalem. Königstein 1978
Grätz, E.	Zeichnen aus dem Unterbewußten. Stuttgart 1978
Grötzinger, W.	Kinder kritzeln, zeichnen, malen. Die Frühformen kindlichen Gestaltens. München 1966
Hartke, F.	Die Seele des Kindes in Zeichnung und Schrift. Ratingen 1962
Hartlaub, G. F.	Der Genius im Kinde. Breslau 1930
Hartwig, H.	Jugendkultur. Ästhetische Praxis in der Pubertät. Reinbek 1980
Hecht, W.	Kinderzeichnungen zu Brecht. Leipzig 1972
Heller, M., Cattaneo, C.	Mit anderen Augen. Zeichnungen von Kindern und Jugendlichen. Arbeiten aus einer Sammlung des Pestalozzianeums. Kunstgewerbemuseum der Stadt Zürich.
Herles, D.	Kinder von heute zeichnen Autos für morgen. BMW-Museum. München 1993

Hermann, H.	Zeichnen fürs Leben I. Überschau der Entwicklung. Führung bis zum Alter von etwa 12 Jahren.
	Zeichnen fürs Leben II. Führung durch das Alter von 12 bis 16 Jahren. Gegenstände und Techniken. Stuttgart o.J.
Hütt, W.	Wir gehen in ein Haus mit vielen Bildern. Berlin 1975
Iten, A.	Die Sonne in der Kinderzeichnung und ihre psychologische Bedeutung. Zug 1974
Jacobi, J.	Vom Bilderreich der Seele. Olten 1972
John-Winde, H.	Kriterien zur Bewertung der Kinderzeichnungen. Bonn 1981
John-Winde, H., Roth-Bojadzkiev, G.	Kinder – Jugendliche – Erwachsene zeichnen. Hohengehren 1993
Kaminski, L., Spellenberg, A.	Bildnerei als Lernhilfe mit Geistigbehinderten. Stuttgart 1975
Kass, J., Lukácsy, A.	Die Kinderspiele nach dem berühmten Gemälde von Pieter Breughel d.Ä. Hanau 1981
Kellog, R.	What children scribble and why. Palo Alto, Californien 1959
	Analysing children's Art. Palo Alto 1970
Kerschensteiner, G.	Die Entwicklung der zeichnerischen Begabung. München 1905
Kienzle, R.	Gesetzmäßigkeiten in der zeichnerischen Entwicklung des Kindes. Basel 1951
Kläger, M.	Das Bild und die Welt des Kindes. München 1974
	Jane C. Symbolisches Denken in Bildern und Sprache. München, Basel 1978
	Phänomen Kinderzeichnung. Baltmannsweiler 1990
Koch, K.	Der Baumtest. Bern, Stuttgart 1954
Köngeter, K.	Zeichnen und Werken des Kindes. Esslingen 1949
Koppitz, E. M.	Die Menschendarstellung in Kinderzeichnungen und ihre psychologische Auswertung. Stuttgart 1972

Kornmann, E. — Über die Gesetzmäßigkeiten und den Wert der Kinderzeichnung. Düsseldorf-Benrath 1966

Kowalski, K. — … fertig ist das Mondgesicht. Stuttgart 1992

Kraft, H. — Die Kopffüßler. Eine transkulturelle Studie. Stuttgart 1982

Kramer, E. — Kunst als Therapie mit Kindern. München, Basel 1975

Kreusch-Jacob, D. — Ich schenk dir einen Regenbogen. Düsseldorf 1993

Musikerziehung. München 1995

Tanzlieder. Ravensburg 1990

Wenn der Trommelbär tanzt. Klingende Spielsachen zum Selbermachen nach Ideen aus alter Zeit. Ravensburg 1986

Keine Angst vor falschen Tönen. Wie Kinder die Musik und ihr Instrument entdecken. München 1993

Kreuzer, P. — Das Graffitti-Lexikon. München 1986

Landgarten, B. — Klinische Kunsttherapie. Ein umfassender Leitfaden. Karlsruhe 1990

Kunsttherapie als Familientherapie. Ein klinischer Leitfaden mit Falldarstellungen. Karlsruhe 1991

Le Bohec, P., Le Guillon, M. — Patricks Zeichnungen. Erfahrungen mit der therapeutischen Wirkung des freien Ausdrucks. Bremen 1993

Le Saux, A., Solotareff, G. — Das kleine Museum. Frankfurt, M. 1994

L'Engle, M. — Bilder der Bibel. So malen Kinder aus aller Welt Geschichten des alten Testaments. Neuhausen, Stuttgart 1980

Lindsay, Z. — Bildnerisches Gestalten mit behinderten Kindern. München 1973

Lionni, L. — Frederick. Köln 1968

Swimmy. Köln 1964

Lohf, S. — Lila, Rot und Himmelblau. Das Farbenbuch für Kinder. Ravensburg 1990

Löscher, W.	Kritzeln – Schwingen – Spuren. Freising 1979
	Sand und Wasser. München 1989
	Der Wind, das himmlische Kind. München 1985
	Hörspiele. Sinn-volle Frühpädagogik. München 1982
	Riech- und Schmeckspiele. Sinn-volle Frühpädagogik. München 1992
Löscher, W. (Hrsg.)	Vom Sinn der Sinne. München 1994
Lowenfeld, V.	Die Kunst des Kindes. Frankfurt 1957
	Vom Wesen schöpferischen Gestaltens. Frankfurt 1960
Lowenfeld, V., Brittain, W.	Creative and mental Growth. New York 1982
Lutz, C.	Kinder und das Böse. Stuttgart 1980
Meili-Dwortzki, G.	Das Bild des Menschen in der Darstellung und Vorstellung des Kleinkindes. Bern, Stuttgart 1957
Meyers, H.	Kind und bildnerisches Gestalten. München 1968
Micklethwait, L.	Erste Wörter. Berühmte Bilder. München 1994
Milner, M.	Ein Weg zur kreativen Befreiung: Zeichnen und Malen ohne Sehen. Köln 1988
Morris, D.	Biologie der Kunst. Düsseldorf 1963
Mosimann, W.	Kinder zeichnen. Bern, Stuttgart 1979
Mühle, G.	Entwicklungspsychologie des zeichnerischen Gestaltens. Frankfurt 1971
Navratil, L.	Schizophrenie und Kunst. München 1965
Nickel, H.	Die visuelle Wahrnehmung im Kindergarten- und Einschulungsalter. Bern, Stuttgart 1967
Oerter, R.	Moderne Entwicklungspsychologie. Donauwörth 1977
Oldham, H. W.	Child Expression in Color and Form. London 1940
Ott, R.	Urbild der Seele. Bergen 1949

Pacovská, K. — grün rot alle. Ein Farbenspielbuch. Ravensburg 1992

Peckny, L. — Fingermalen als diagnostisches und therapeutisches Hilfsmittel in der Heilpädagogik. Zürich 1966

Pertler, C. M. — Kinder erleben große Maler. München 1992

Piaget, J. — Das Weltbild des Kindes. Frankfurt, Berlin, Wien 1980

Theorien und Methoden der modernen Erziehung. Frankfurt 1974

Nachahmung, Spiel und Traum. Stuttgart 1969

Der Aufbau der Wirklichkeit beim Kinde. Stuttgart 1975

Piaget, J., Inholder, B. — Die Entwicklung des räumlichen Denkens beim Kinde. Stuttgart 1976

Prinzhorn, H. — Bildnerei der Geisteskranken. Berlin, Bern 1968

Rabenstein, R. — Kinderzeichnung. Schulleistung und seelische Entwicklung. Bonn 1972

Renner, M. — Der Wartegg-Zeichentest im Dienste der Erziehungsberatung. München, Basel. 1968

Reuys, E., Viehoff, H. — Feste kreativ gestalten. München 1991

Ricci, C. — L'arte dei bambini. Leipzig 1906

Richter, H. G. — Die Kinderzeichnung. Entwicklung, Interpretation, Ästhetik. Düsseldorf 1987

Pädagogische Kunsttherapie. Düsseldorf 1984

Ruprecht, H. — Zeichnen. Das Erlebnis der Linie. Ein Handbuch. München 1987

Schetty, S. — Kinderzeichnungen – eine entwicklungspsychologische Untersuchung. Zürich 1974

Schmid, G. — Mal- und Zeichenspiele in der Gemeinschaft. München 1986

Schmögner, W. — Das Drachenbuch. Frankfurt 1982

Das unendliche Buch. Frankfurt 1976

Schottenloher, G.	Kunst- und Gestaltungstherapie. Eine praktische Einführung. München 1992
	Das therapeutische Potential spontanen bildnerischen Gestaltens unter besonderer Berücksichtigung körpertherapeutischer Methoden. Ein integrativer Therapieansatz. Konstanz 1989
	Wenn Worte fehlen, sprechen die Bilder. München 1995
Schütz, N.	Die Raumdarstellung in der Kinderzeichnung. Essen 1990
Schuster, M.	Kinderzeichnungen. Berlin, Heidelberg 1994
	Die Psychologie der Kinderzeichnung. Berlin 1990
Schwarz, P.	Hakenkreuz und Butterfly. Japanische Schüler sehen uns. Deutsche Schüler sehen Japan. Stuttgart 1981
Seels, D., Carozzi, T.	Farbschlachten und Tongetürme. Malen und plastisches Gestalten mit Vorschulkindern. Weinheim, Basel 1986
Senatsverwaltung für Jugend und Familie	Hundert Sprachen hat das Kind. Dokumentation einer Tagung über Reggio Emilia/Italien. Berlin 1991
Seitz, R.	Ästhetische Elementarbildung – ein Beitrag zur Kreativitätserziehung. Donauwörth 1983
	Ich mach dich fröhlich. Kinder zeichnen, wie sie helfen können. München 1984.
	Kunst in der Kniebeuge. Ästhetische Elementarerziehung. Beispiele. Anregungen. Überlegungen. München 1993
	Zeichnen und Malen mit Kindern. Von der Kritzelstufe bis zum 8. Lebensjahr. München 1993
	Schöpferische Pausen. München 1995
Seitz, R. (Hrsg.)	Spiele mit Licht und Schatten. München 1984
	Masken, Bau und Spiel. München 1991
	Seh-Spiele. Sinn-volle Frühpädagogik. München 1992
	Tast-Spiele. Sinn-volle Frühpädagogik. München 1992

Seitz, R., Beisl, H.	Materialkiste. Anregungen zur Ästhetischen Erziehung im Kindergarten. München 1986
Seitz, R., Daucher, H.	Didaktik der bildenden Kunst. München 1982
Seitz, R., Forchheimer, G.	Senioren sind kreativ. München 1994
Seitz, R., Haberlander, T.	Schule der Phantasie. Ravensburg 1989
Seitz, R., Münchner Team	Kinderatelier. Malen, Zeichnen, Drucken, Bauen. Ravensburg 1994
Spohn, J.	Der große Spielbaum. München 1979
	Ali Gator auf der Suche. Stuttgart, Wien 1987
Staudte, A.	Ästhetisches Verhalten von Vorschulkindern. Weinheim, Basel 1977
Stöcklin-Meier, S.	Falten und Spielen. Ravensburg 1980
	Kranksein und Spielen. Zürich 1982
	Geburtstag hab' ich heute. Zürich 1985
	Komm, wir spielen. Zürich 1986
Strauss, M.	Von der Zeichensprache des kleinen Kindes. Spuren der Menschwerdung. Stuttgart 1988
Tomalin, E., Schauwecker, P.	Interaktionelle Kunst- und Gestaltungstherapie. Köln 1989
Walter, G.	Luft. Die Elemente im Kindergartenalltag. Freiburg 1992
	Erde. Die Elemente im Kindergartenalltag. Freiburg 1992
	Wasser. Die Elemente im Kindergartenalltag. Freiburg 1992
	Feuer. Die Elemente im Kindergartenalltag. Freiburg 1993
Westrich, E.	Die Entwicklung des Zeichnens während der Pubertät. Frankfurt 1968
Wildlöcher, O.	Was eine Kinderzeichnung verrät. Methode und Beispiele psychoanalytischer Deutung. München 1974

Winnicott, D.W. — Die therapeutische Arbeit mit Kindern. München 1973

Vom Spiel zur Kreativität. Stuttgart 1971

Wolffhardt, B. — Kinder entdecken das Museum. Betrachten und Selbermachen. München 1983.

Ziler, H. — Der Mann-Zeichen-Test. Aschendorf, Münster 1958

Zulliger, H. — Die Angst unserer Kinder. Stuttgart 1972

Rudolf Seitz

Zeichnen und Malen mit Kindern

Vom Kritzelalter bis zum 8. Lebensjahr

6. Aufl., 112 S., Abb., kartoniert

ISBN 3-7698-0383-3

Eine umfassende, einfach geschriebene, ganz praxisbezogene, vielseitig anregende Verstehens- und Arbeitshilfe für Eltern und Erzieherinnen von einem der kompetentesten Autoren auf dem Gebiet der ästhetischen Elementarerziehung. Die zahlreichen Abbildungen werden zusammen mit den Bildlegenden zu einer knappen systematischen Einführung in die Problematik der Kinderzeichnung.

Rudolf Seitz

Kunst in der Kniebeuge

Ästhetische Elementarerziehung, Beispiele – Anregungen – Überlegungen

7. Aufl., 128 S., zahlr. teils farb. Abb., kartoniert

ISBN 3-7698-0340-X

Ein pädagogischer Werkstattbericht, der Erzieherinnen in Kindergarten und Grundschule eine Fülle neuer Anregungen für Spiele und Aktionen zur Sinnesschulung und Förderung der Experimentierfreude und Kreativität bei Kindern bietet.

Rudolf Seitz / Hana Vyoralová

Phantastisches Papiertheater

Zum Basteln, Spielen und Träumen – Zauberhafte Märchenwelt

DIN A4, Mappe mit Ausschneidebögen, Begleitheft: 28 S., Fotos und Zeichnungen, geheftet

ISBN 3-7698-0757-X

Das Papiertheater entführt Kinder und Erwachsene auf eine Reise ins Land der Träume. Mit den leicht aufzubauenden Kulissen und Szenenbildern lädt es ein zum phantasievollen und kreativen Spiel mit den liebevoll entworfenen Figuren aus der Welt des Märchens. Dialogbeispiele dienen als Spielvorlage und Anregungen zur Umsetzung eigener Spielideen.

Rudolf Seitz (Hrsg.)

SEH-Spiele

5. Aufl., 116 S., zahlr. teils farb. Abb., kartoniert

ISBN 3-7698-0461-9

Die Spiele ermutigen dazu, die Umgebung genauer unter die Lupe zu nehmen, Dinge, Vorgänge und Zusammenhänge intensiv zu beobachten und dabei zu lernen, sie zu durchschauen und zu verstehen.

Rudolf Seitz (Hrsg.)

TAST-Spiele

6. Aufl., 112 S., zahlreiche S/W-Abb., kartoniert

ISBN 3-7698-0489-9

Hier werden Tasterfahrungen durch zahlreiche Beispiele aus dem Alltag der Kinder ins Bewußtsein gebracht und durch die Aufforderung zu eigenhändigem Begreifen spielerisch ausgeprägt.